FAIR VALUE MODEL
option & hybrid instrument

공정가치평가 옵션 및 복합상품

실무와 예제를 중심으로

김기필 · 김효근 · 이승훈 · 오지환 · 임재구

정독
DEEP READING

머리말

파생상품 시장에는 거래소에서 거래되는 파생상품 외에도 다양한 장외파생상품들이 존재한다. 기업에서 임직원에게 부여하는 주식매수선택권을 포함하여 전환사채, 상환전환우선주, 전환우선주, 풋옵션, 매도청구권 등 다양한 파생상품 및 파생상품이 내재된 복합상품이 발행되고 있다.

해당 상품들은 기업의 결산목적 등을 이유로 공정가치 평가가 필요하다. 장내파생상품의 경우 거래소에서 거래되는 거래가격을 공정가치로 볼 수 있지만, 장외파생상품의 경우 활성화된 시장에서의 거래가격이 없어 공정가치 평가를 수행하여야 한다.

이러한 파생상품의 공정가치 평가에 대하여 블랙-숄즈-머튼모형 이후 많은 연구가 이루어졌으며, 본서에서는 다양한 평가 방법 중 대표적인 방법들에 대하여 소개하고자 한다. 평가모형의 기반이 되는 논문들은 금융공학적 지식이 매우 많이 필요하여 금융공학을 전공하지 않은 사람들이 동 논문을 읽고 평가모형을 구현하는 것은 쉬운 일이 아니다. 저자들 또한 실무에서 파생상품 평가를 하면서 보다 깊이 있는 금융공학에 대한 이해가 필요하다고 느껴 금융공학 석사과정을 진학하였다. 진학 후 수학 및 코딩을 잘 다루는 동료들과 함께 뜻을 모아 금융공학을 전공하지 않은 사람들도 평가모형을 쉽게 이해할 수 있는 파생상품 평가 실무서를 만들어보고자 본서를 집필하였다. 수학적인 내용을 최대한 쉽게 다루고, 구체적인 예시에 대하여 엑셀 및 파이썬 코드를 통해 평가모형의 기초와 핵심 원리를 파악할 수 있도록 노력하였다. 우리는 이 책이 독자들에게 파생상품 평가에 대한 이해를 넓혀주고, 평가모형의 흥미로운 세계에 입문하는데 도움이 될 것으로 기대한다.

「공정가치평가_옵션 및 복합상품_실무를 중심으로」는 평가 실무서이다. 하지만 단순히 실무 기준의 나열이 아닌 이론적 배경과 평가모형에 대한 엑셀파일, 파이썬 코딩을 위한 코드 등 평가에 필요한 모든 걸 담고 있다. 실제 업무에서 선임이 후임에게 업무를 설명하는 것처럼 평가를 위해 필요한 세부적인 사항들까지 자세히 설명하고자 한다.

한국공인회계사회에서도 최근 세미나를 열어 복합상품에 대한 내용을 공유하여 주셨다. 복합상품 평가 시 필요한 다양한 주제에 대하여 설명해주어 큰 도움이 되었다. 세미나의 특성상 한정된 시간에 담을 수 없었던 실제 적용과 예제에 대한 내용들에 대하여 본서에서 서술하여 파생상품 평가에 대한 이해를 도울 수 있기를 기대한다.

마지막으로, 본서를 집필하는 데 도움을 주신 모든 분들과 본서를 읽어주는 모든 독자분들께 진심으로 감사드린다.

2023년 8월

차 례

Chapter 01

서론

파생상품이란 기초자산 상품으로부터 파생된 상품을 말한다. 한국채택국제회계기준상(KIFRS)에서의 파생상품은 다음의 요건을 모두 충족하는 금융상품 또는 이와 유사한 계약을 말한다.

(1) 기초변수 및 계약단위의 수량(또는 지급규정)이 있어야 한다. 다만, 기초변수가 물리적 변수(예: 온도, 강우량 등)인 경우로서 해당 금융상품 등이 거래소에서 거래되지 않는 경우는 제외되며 비금융변수인 경우에는 계약의 당사자에게 특정되지 아니하여야 한다.
(2) 최초 계약 시 순투자금액을 필요로 하지 않거나 시장가격변동에 유사한 영향을 받는 다른 유형의 거래보다 적은 순투자금액을 필요로 해야 한다.
(3) 차액결제가 가능해야 한다.

이 책은 이러한 파생상품 중에서 특히 재무보고목적으로 평가하게 되는 영역에 초점을 맞추고 있다. 최근 기업들의 상환전환우선주, 전환사채 등의 복합상품에서부터 투자 시 주주간계약에 따른 콜옵션, 풋옵션이 다양하게 나오고 있고 회계처리가 발전해감에 따라 기존에는 고려하지 않았던 부분에서까지 금융공학적 기법을 빌려 공정가치를 평가하려고 하고 있다.

이 책에서는 기본적인 블랙숄즈와 이항모형을 기초로 하여 실무적으로 접하게 되는 다양한 파생상품을 평가하기 위한 주제를 다룬다. 또한 예제 파일과 코딩 코드를 통해서 이론과 모형들을 더욱 쉽게 이해할 수 있게 하였다.

우선 복합상품 및 옵션평가를 위해 가장 기초가 되는 이자율에서 시작을 한다. 이자율의 기간구조에 따른 현물이자율을 Bootstrapping 기법으로 구하고, 각 이항 노드에서 할인하게 될 선도이자율을 구하는 방식을 설명하고, 흔히 오류로 접하게 되는 연속복리와 이산복리에 대해 다루었다. 또한 실제 이항모형 평가 시 적용해야 하는 무위험이자율과 위험이자율의 차이에 대해서 설명한다.

그 다음으로 변동성을 다루었다. 평가대상 금융상품이 상장되어 있다면 그 상품 자체의 가격변동성을 적용하여 구하면 되지만, 평가대상 상품이 거래가 되지 않는 경우가 많아 역사적 변동성을 이용하여 구하게 된다. 이론적으로 다루는 역사적 변동성 산출방식은 간단하지만 실무적으로는 유사회사의 선정방식에서부터 적용되어야 하는 측정일수 등을 바로 적용할 수 있도록 다룬다. 또한 실무시 부딪히게 되는 문제들인 이상치 조정, 섹터지수변동성, 대안방식 등을 다루어 어려움을 최소화하고자 하였다.

일반적으로 파상생품은 기초자산에서 파생되는 상품을 말한다. 결국 기초자산에 대한 평가가 필수적인데 이 책에서 다루는 파생상품의 기초자산은 대부분 주식이다. 기초자산인 주식이 상장주식일 경우 시장에서 확인되는 주가가 있지만 비상장주식일 경우 현금흐름할인법, Backsolve법, 상대가치법을 적절하게 사용하여야 하는데 이에 대해서 설명한다. 그리고 다른 종류주식이나 옵션의 행사로 인하여 발생하는 희석효과에 대한 논의를 다루었다.

다음으로 보통주에 발생할 수 있는 기대배당을 다루었다. 배당을 반영하는 방식에 대한 방법에 대해 다루었고, 실무적으로 상환전환우선주의 우선배당 고려시 평가인들 사이에 존재하는 관점의 차이에 대해 설명하였다.

앞의 투입변수에 대한 설명 이후에는 본격적인 옵션평가모형을 다루었는데, 가장 기초적인 콜옵션과 풋옵션에 대해 다루었다. 콜옵션, 풋옵션의 기초적인 개념설명과 함께 옵션의 가격결정에 미치는 주요 변수인 기초자산가격, 행사가격, 변동성, 이자율, 잔존만기, 미래배당금이 옵션가격에 미치는 영향을 설명하였다. 이는 향후 옵션평가시 각 변수가 결괏값에 미치는 영향을 예상하는데 필수적으로 숙지하여야 하는 내용이다. 그리고 옵션 시장에서 가격 결정과 투자 전략을 평가하는 데 기초적으로 활용되는 공식인 풋－콜패리티(Put-Call parity)의 유도를 소개하였다.

옵션평가모형의 대표적인 모형인 블랙숄즈모형을 먼저 소개하였다. 블랙숄즈모형 이론의 기반이 되는 기하브라운 운동과 로그정규분포 등의 이론적인 부분은 간단하게 언급하고 실제 적용가능한 산식과 그 변수를 중점적으로 설명하고 위험중립확률에 대한 개념설명을 하였다. 또한 블랙숄즈산식을 기초로 실습할 수 있도록 예제파일을 통해 블랙숄즈모형을 통한 콜옵션, 풋옵션을 산출할 수 있게 하였다.

그 다음으로 이항모형을 다루었다. 블랙숄즈모형이 발표된 이후에 이를 좀더 직관적으로 이해할 수 있게 개발된 모형으로 차익거래 기회가 없는 1기간 모형에서부터 다기간모형으로 위험중립확률을 이용하여 노드를 확장할 수 있게 설명한다. 또한 재무관리 교재상에서는 무위험이자율을 적용하여 평가하게 되지만 실무적으로 옵션발행자의 자금유출이 일어나는 부채요소의 경우 위험이자율을 반영하는 경우가 있어 이에 대해 설명하였다. 이러한 이항모형을 이용한 콜, 풋옵션의 이해를 돕기 위해 예제파일과 함께 볼 수 있게 구성하였다. 주식매수선택권은 대표적으로 볼 수 잇는 콜옵션인데, 실무적으로 평가 시 적용되는 기대만기에 대한 논의를 소개한다.

실무적으로 이항모형을 이용한 옵션평가가 이루어지지만 평가대상의 복잡성에 따라 시뮬레이션을 이용한 평가인 몬테카를로 시뮬레이션을 이용하기도 한다. 몬테카를로 시뮬레이션의 개념을 동전 던지기(coin toss)와 원의 넓이 구하기 예제를 통해 기본적인 개념을 설명하고, 실습 예제를 통해 유러피언옵션을 평가하는 방법에 대해 설명하였다. 마지막으로 몬테카를로 시뮬레이션의 한계와 아메리칸옵션평가가 가능한 LSMC에 대해 소개하였다.

복합상품 평가모형에서는 전환금융상품의 특성과 그 회계처리에 대해 설명하였다. 기준서에 근거하여 전환권이 자본인지 부채인지에 따라서 최초평가와 후속측정에서 차이가 발생하게 되고, 실제 평가 시 적용되는 일반적인 모형인 Goldman Sachs모형과 Tsiveriotis-Fernandes모형을 설명하였다. 각 모형의 이해를 돕기 위해 실습 예제를 통해 설명하였다. 금리옵션부 채권모형의 경우 기본적인 채권평가모형과 Black-Derman-Toy모형에 대해 다루었다. 이자율변동을 가정하여 이자율 이항 트리를 구성하고 이를 기준으로 옵션평가를 하는 방법을 설명하였다.

평가 특수 논제 파트에서는 최근 평가관련 이슈와 실무에서 접하게 될 것으로 예상되는 옵션의 조건 등을 다루었다. 제3자(지정) 콜옵션은 최근 이슈가 되었던 대표적인 주제로 콜옵션 종류에 따른 현재까지 논의되는 평가방법론과 적용할인율에 대한 내용을 소개하였다. 그 외에 리픽싱 조건, IPO 확률, Day 1 PL 등의 실제 옵션평가시 마주하게 되는 이슈 등을 저자의 실무경험을 바탕으로 하여 설명하였다.

프로그래밍파트에서는 기존의 옵션평가가 대부분 엑셀로 이루어지고 있지만, 파이썬 등의 프로그래밍언어가 점점 대중화되고 있어 파이썬을 이용한 옵션평가를 설명하였다. 아나콘다나 구글코랩을 통하여 파이썬 환경을 구축하고, 옵션평가에 필요한 기본적인 pandas, numpy 라이브러리를 소개하고 이를 이용하여 본서에서 다룬 다양한 옵션을 구현하는 코드를 설명하였다.

부록파트에서는 머리말에서 언급하였듯이 금융공학을 전공하지 않은 사람들에게도 평가모형을 이해할 수 있도록 설명하는 파생평가 실무서를 목표로 이 책을 구성하였지만, 좀 더 이론적인 개념을 원하는 독자를 위하여 평가모형의 기초가 되는 이론인 랜덤워크과정, 위너과정, 이토 과정 등을 산식과 개념설명을 덧붙여 설명하였다.

Chapter 02

투입변수

01 _ 이자율

02 _ 주가변동성

03 _ 기초자산

04 _ 보통주 기대배당

이자율 01

모든 가치평가의 기본은 시점별로 발생하는 현금흐름을 추정하는 것과 그 현금흐름에 대응되는 이자율을 반영하면서 이루어진다. 채권평가의 경우 발생하는 원리금이 있으며, 원리금에 대응되는 현금흐름을 통해서 평가된다. 기업가치평가나 옵션가치평가도 현금흐름이 추정되고 해당 현금흐름에 적정한 이자율을 반영하면서 평가한다. 이처럼 이자율은 가치평가에 있어서 기본적인 개념이다. 가장 중요한 요소인 이자율의 종류 및 성질에 대해서 알아보자.

이자율은 일반적으로 채무자의 신용, 만기, 이자 지급 주기 등에 따라서 결정되며, 사전적 의미는 원금에 대한 이자의 비율이다. 예를 들어 연간복리 5%라는 의미는 100원을 차입하는 경우 매년 5원을 이자로 지급해야 한다는 의미이다. 이자율은 현재와 미래의 교환비율의 의미도 있어 위의 예시에서 현재의 100원과 미래의 105원이 동일한 가치를 가진다. 가치평가에서 사용되는 개념이 바로 이것이며, 가치평가에서는 이자율은 각 기간을 할인하는 비율로 의미를 가진다. 여기서 유의할 점은 이자율은 다양한 종류를 가지고 있어 현금흐름의 특징에 맞는 이자율을 적용해서 평가를 해야 한다는 것이다. 이자율을 잘못 적용할 경우 평가금액에서도 차이가 크게 발생하고, 명백한 오류 사항으로 수정이 필요한 사항이다.

1.1 이자율의 종류(YTM, 현물이자율, 선도이자율)

이자율의 종류는 현금흐름을 할인하는 방식에 따라서 크게 YTM(Yield to Maturity), 현물이자율(Spot Rate 또는 Zero Rate), 선도이자율(Forward Rate)이 있다. 이자율이 균형이기 위해서는 YTM, 현물이자율, 선도이자율 간의 일정한 관계가 유지되어야 한다. 이후에 자세하게 설명하겠지만, 파생 및 복합상품을 평가하기 위해서는 YTM에서 현물이자율을 산출하고 현물이자율에서 선도이자율을 구해야 한다. YTM, 현물이자율, 선도이자율의 의미와 관계에 대해서 알아보자.

YTM(Yield to Maturity)

YTM은 쿠폰 이자를 포함하여 만기까지 지불불능사태가 발생하지 않는다면 투자하는 채권가격대비 얻을 수 있는 연간 수익률로 만기수익률을 의미한다. 채권의 현가를 구하기 위해서 YTM을 사용하면 투자안의 현금흐름에서 IRR을 계산할 때와 동일하게 모든 현금흐름에 대해서 같은 YTM을 적용해서 할인한다. 즉, YTM은 IRR과 유사한 의미를 가지며 채권의 요구수익률이라고 볼 수 있다.

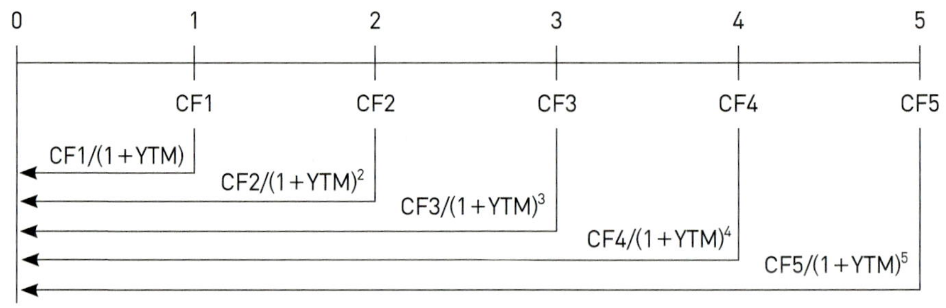

본 실무서의 독자 중에 재무관리를 학습한 사람은 YTM부터 설명을 하는 것에 대해서 의문의 있을 수 있을 것이다. YTM의 경우 현물이자율을 통해서 산정된 현금흐름의 내부수익률의 의미를 가지는데 현물이자율보다 먼저 설명하는 것은 순서가 올바르지 않다고 생각할 수도 있을 것이다.

하지만 한국의 채권시장에서는 무이표채가 거의 거래되지 않는다. 이 말은 시장에서 현물이자율을 직접 구할 수 없다는 것이다. 결국 국내 채권시장에는 이표채가 대부분이기 때문에 시장에서 정보를 얻을 수 있는 YTM을 통해서 현물이자율을 산출해야 한다. 해당 내용은 후술하는 Bootstrapping에서 확인할 수 있다.

YTM의 경우 채권에 대한 시장수익률이기 때문에 국내에서 거래되는 채권의 등급별 수익률 정보는 관련 사이트에서 고시가 되고 있으며, 해당 시장정보는 쉽게 얻을 수 있다. 다만, 사이트별로 제공하는 정보의 양은 차이가 있다.

<YTM 시장정보를 얻을 수 있는 사이트>

세이브로(https://seibro.or.kr/): 무료

상단 채권 탭에서 채권만기수익률에 들어가면 YTM 정보를 확인이 가능하며, 회사채의 경우 공모 회사채 B등급까지의 YTM 정보를 제공함

금융투자협회(http://www.kofiabond.or.kr/): 무료

상단 시가평가 탭에서 채권평가기준수익에 들어가면 YTM 정보를 확인이 가능하며, 회사채의 경우 공모 회사채 BBB-등급까지의 YTM 정보를 제공함, 금융투자협회의 경우 여러 신용평가사의 정보를 한 번에 확인이 가능한 장점이 있음

KIS 채권평가(https://kis-net.kr/): 유료

KISNET이라는 별도의 사이트에서 YTM 정보를 제공하고 있음. 회사채의 경우 공모 회사채 B-등급, 사모 회사채 BB-등급까지의 YTM 정보를 제공함, KIS 채권평가의 경우 가장 많은 등급에 대해서 YTM 정보를 제공함

소개한 사이트는 실무적으로 많이 사용하는 사이트로 위에서 소개한 사이트 외에도 다양한 사이트가 있으며, 신용평가사 사이트를 통해서 쉽게 확인할 수 있다. 복합상품을 발행하는 회사의 경우 자본조달이 쉽지 않아서 복합상품으로 발행하는 경우가 대부분으로 낮은 신용등급을 가지는 경우가 많기 때문에 무료 사이트에서 해당 등급의 YTM 정보를 얻기 힘들 수도 있어, 최근에는 KIS 채권평가가 다양한 등급을 제공하고 있어 유료로 가입해서 사용하는 추세이다.

현물이자율(Spot Rate)

현물이자율은 만기까지 이자 지급이 없는 순수할인채권의 만기 보유수익률로 만기까지 얻을 수 있는 연간 수익률을 의미하여 Zero(Coupon) Rate로도 불린다. 현물이자율은 각 시점의 현물이자율로 각 시점의 현금흐름을 현재까지 할인하는 이자율로 모든 시점마다 각기 다른 현물이자율을 가지게 된다. 모든 현금흐름에 대해서 1개의 YTM을 적용한 것과 달리 현물이자율은 현금흐름시점마다 다르기

때문에 N개 시점의 현금흐름이 있다면, N개의 현물이자율이 필요하다.

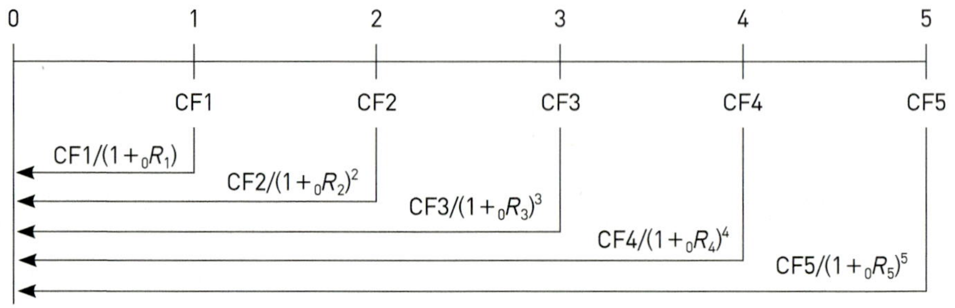

위에서 언급한 것과 같이 현물이자율을 통해서 현금흐름을 할인해서 공정가액을 산출할 수 있다. 다만, 시장에서 현물이자율을 산출할 수 없기 때문에 현물이자율을 구하기 위해서는 실무적으로 후술하는 Bootstrapping을 통해서 산정한다.

현물이자율은 기간별로 다르게 적용해야 하기 때문에 표기법의 통일이 필요하다. 본서에는 n년에 해당하는 현물이자율은 ${}_0R_n$으로 표기한다. 예를 들어 1.5년 시점의 현금흐름을 할인하는 현물이자율이 5%(연간복리)라고 가정하면 표기는 ${}_0R_{1.5}=5\%$(연간복리)로 한다.

선도이자율(Forward Rate)

선도이자율은 미래의 특정시점에서 그보다 이른 시점으로 할인하는 이자율이다. 예를 들어 2년 후 현금흐름을 1년까지 할인할 때 1년과 2년 사이의 선도이자율을 사용한다. 선도이자율은 각 기간의 현물이자율간 관계를 통해서 도출되는 이자율이기 때문에 현재 시점에서 각 기간의 선도이자율은 확정된다.

본서에서는 설명을 위해 $n-1$년에서 n년 기간에 해당하는 선도이자율은 ${}_{n-1}f_n$으로 표기한다. 예를 들어 1기간에서 2기간의 선도이자율의 표기를 ${}_1f_2$로 정의하고, ${}_1f_2$는 2시점의 현금흐름을 1시점으로 할인하는 이자율이다.

선도이자율은 현물이자율 간의 관계에서 도출되기 때문에 현물이자율과 선도이자율은 일정한 관계를 가진다. 예를 들어 2년만기의 액면가 1,000원 채권과

1년만기의 액면가 1,000원 채권이 있다고 하자. 2년만기 채권은 ${}_0R_2$로 할인하여 A금액이 계산되었고, 1년만기 채권은 ${}_0R_1$로 할인하여 B금액이 계산되었다고 가정하면, 1년부터 2년까지의 선도이자율(${}_1f_2$)은 $B/A-1$로 산정된다. 만일 해당 관계가 성립하지 않는다면, 차익거래가 발생하기 때문에 결국은 균형에 도달되어 해당 관계가 성립하게 될 것이다. 또한 위의 내용은 $(1+{}_0R_2)^2=(1+{}_0R_1)(1+{}_1f_2)$이 성립한다는 것과 같은 의미를 가진다. 또한 ${}_0R_1$과 ${}_0f_1$은 동일한 기간에 대한 할인율이기 때문에 동일하다. 이에 따라서 아래 그림과 같은 관계가 성립한다.

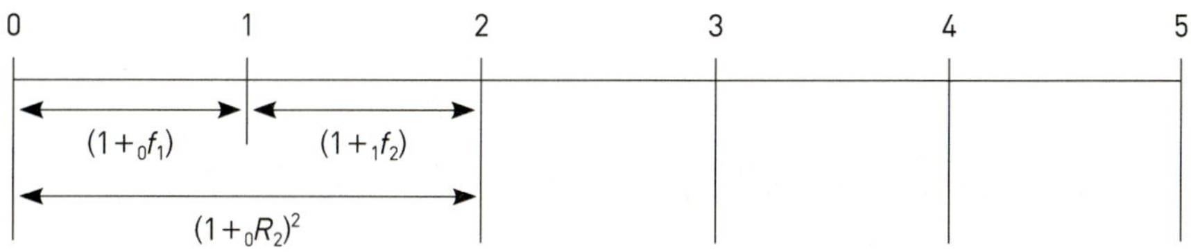

위의 내용을 일반화하면 다음과 같다.

$$_{n-1}f_n=[(1+{}_0R_n)^n/(1+{}_0R_{n-1})^{n-1}]-1$$

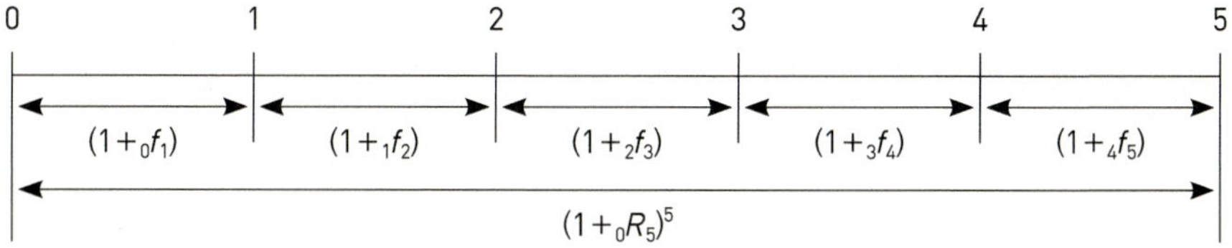

실무적에서 이항모형의 각 노드를 할인하는데 사용되는 이자율은 선도이자율이다. n번째 노드에서 $n-1$노드로 할인하는데 적정한 이자율이 선도이자율이기 때문이다. 또한 선도이자율로 모든 기간을 할인하면, 현물이자율로 할인할 것과 동일해야만, 모형에서 이자율이 균형을 이룬다고 볼 수 있다. 예를 들어 (1+

${}_0R_5)^5$로 할인한 결과와 $(1+{}_0f_1)(1+{}_1f_2)(1+{}_2f_3)(1+{}_3f_4)(1+{}_4f_5)$로 할인한 금액이 동일해야 한다.

1.2 이자지급 주기와 연속복리

보통 'BB－등급의 이자율 10%'라는 표현을 자주 사용한다. 이자율 10%라는 말은 엄밀한 의미에서 잘못된 표현이다. 1년에 10%를 이자로 지급하는지, 반기에 5%를 이자로 지급하는지, 분기에 2.5%를 이자로 지급하는지에 따라서 실질적인 이자율은 차이가 나기 때문이다. 즉, 이자율은 지급 주기가 함께 표현되지 않으면 정확한 값을 알 수 없다. 10% 이자율을 1년주기로 이자를 지급하면 100원이 1년 후에 110원이 되지만, 반기 단위로 지급하면 100×1.05^2로 110.25원, 분기 단위로 지급하면, 100×1.025^4로 110.38원이 된다.

위의 내용을 일반화하면 이자율 R(연간 이자를 m번 지급) 이자지급주기에 따른 n년 뒤 미래가치는 다음과 같다.

$$\text{미래가치} = \left(1+\frac{R}{m}\right)^{mn}$$

이자지급주기에 따라서 실제로 지급되는 이자가 다르며, 위의 예시에서 10%(연간복리), 10%(반기복리), 10%(분기복리)는 동일한 10%의 연간표시이자(Annual Percentage Rate of Interest)로 표현된다. 동일한 표시이자 10%에 대해서 지급주기가 1년에 1번일 때 10%, 1년에 2번일 때 10.25%, 1년에 4번일 때 10.38%을 각각의 복리에 대한 연간실효이자율(Effective Annual Rate of Interest)이라 한다. 즉 연간실효이자율은 복리계산 효과에 따른 실제 적용되는 연간이자율을 의미한다.

복리빈도 m번이 점점 많아져 무한대로 지급되는 것이 연속복리 이자율이다. 자연상수 e의 정의를 통해서 아래의 관계식이 도출된다. 보통 파생상품의 평가는 연속복리 이자율을 사용해서 이루어지기 때문에 아래의 식과 자연상수 e의 의미를 기억해두자.

$$연속복리이자율=\lim_{m\to\infty}\left(1+\frac{R}{m}\right)^{mn}=\lim_{m\to\infty}\left(1+\frac{R}{R/m}\right)^{\frac{m}{R}Rn}=e^{Rn}$$

$$e=\lim_{m\to\infty}\left(1+\frac{1}{m}\right)^{m}$$

이자지급주가가 유한일 때를 이산복리이자율(R_m, 연간 m번 복리) 무한대일 때를 연속복리 이자율(R_c)로 칭하면, 다음과 같은 관계식이 성립한다. 우리가 현실에서 구하는 이자율은 이산복리이자율이기 때문에 필요에 따라 연속복리로 전환하고, 연속복리이자율을 이산복리이자율로 전환할 수 있다.

$$R_c=m\ \ln\left(1+\frac{R_m}{m}\right) \qquad R_m=m(e^{\frac{R_c}{m}}-1)$$

또한 이산복리이자율과 연속복리이자율에 대한 구분없이 혼용하여 사용하는 것은 이항모형이나 블랙숄즈(Black-Scholes)모형에서 흔하게 발생하는 오류 유형으로, 이산복리이자율과 연속복리이자율에 대한 구분이 필요하다. 예를 들어 다양한 옵션모형에서 할인을 할 때 일반적으로 e를 밑으로 하는 지수함수 형태인 e^{-r}로 현가계수를 적용하는데, 이 때 적용하는 이자율은 연속복리 이자율을 적용해야 한다. 반대로 채권을 평가할 때 현금흐름/(1+이자율)의 형태로 할인하는 경우에는 복리주기에 맞는 이산복리이자율을 적용해야 한다.

Day Count Convention

채권 등 금융 상품 거래에서 일수를 세는 방법에 대한 관습이다. 기간에 대한 이자 등을 계산하는데 경과된 기간을 정의해야 상호간의 오해가 없다. 이러한 관습은 금융 거래가 활성화되면서 상품에 따라서 다른 방식이 적용되며 어떤 방식이 있으며, 어떤 식으로 적용되는지 알아보자.

30/360 방식

30/360 방식은 1년을 360일로 보고 매달 실제 일수와 관계없이 한 달의 일수를 30일로 가정한다. 일반적으로 회사채에서 적용되는 방식이다.

Actual/Actual 방식

Actual/Actual 방식은 실제 일수를 반영하는 방식으로 윤년의 경우는 1년이 366일, 평년의 경우는 365일로 1년이 반영된다. 일반적으로 미국 국채에서 적용되는 방식이다.

Actual/360 방식

Actual/360 방식은 경과일수는 실제 일수를 반영하지만, 1년은 360일로 보고 반영한다. 일반적으로 단기금융시장에서 적용되는 방식이다.

Day Count Convention의 다양한 방식은 엑셀 yearfrac 함수에서도 선택인수로 선택이 가능하다. 기본값(0): 30/360(US), 1: Actual/Actual, 2: Actual/360, 3: Actual/365, 4: 30/360(유럽)으로 선택이 가능하다.

1.3 무위험이자율 및 위험이자율

무위험이자율은 무위험자산이 제공하는 수익률로 투자자가 위험을 부담하지 않고 얻을 수 있는 수익률을 의미한다. 파생상품을 평가하는 일반적인 접근은 무위험포트폴리오(Riskless Portfolio)를 설정하는 것에서 시작되는데 이 포트폴리오의 수익률은 무위험이자율에 해당한다. 일반적으로 무위험이자율은 지표금리를 적용한다. 예전에는 LIBOR(London Interbank Offer Rate)를 무위험이자율의 지표금리로 보았다. LIBOR는 은행 간의 거래를 통해서 산출된 금리를 바탕으로 만들어진다. 이런 과정에서 조작에 취약할 수 있다는 특성과 시장이 아닌 은행에 의해서 결정되는 LIBOR를 파생상품 거래를 위한 이상적인 기준금리가 아니라고 보아 LIBOR를 대체하여 콜금리(Overnight Rates)를 무위험이자율을 위한 새로운 지표 금리로 보고 있다. 다만, LIBOR는 2021년 말에 중단될 예정이었으나, LIBOR 기반 계약이 존재하여 조금 더 유지될 예정이다.

LIBOR를 대체하는 콜금리는 미국–SOFR; 한국–KOFR; 영국–SONIA; 유로존–ESTER; 스위스–SARON; 일본–TONAR 등이 있으며, 새로운 지표금리는 신용도가 높은 금융기관에의 1일 대출금리이기에 무위험이자율로 간주된다. 이런 이유로 파생평가에서 적용되는 무위험이자율은 콜금리(Overnight Rates)를 적용해야 하지만, 회계목적의 평가 및 회계법인 등에서는 실무적으로 무위험이자율로 국채이자율을 적용해서 사용하고 있다. 엄밀한 의미에서 국채이자율이 세금과 규제 요인 등의 영향을 받아 인위적으로 낮은 이자율을 가지고 있기 때문에 파생상품거래들은 국채 이자율을 무위험이자율로 사용하지 않지만,[1] 회계법인 등에서는 관행적으로 국채이자율을 적용하고 있기 때문에 본서에서는 국채이자율을 무위험이자율로 보고 설명하려고 한다. 국내에서는 한국무위험지표금리(KOFR)에서 무위험이자율을 공시하고 있는데 국채이자율과 유의적인 차이가 없어 회계법인에서 관행적으로 국채이자율을 무위험이자율의 대용치로 사용하는 것도 적정하다고 판단된다.

위험이자율은 평가 대상의 신용위험을 반영한 이자율로 평가 대상별 신용등급에 따른 이자율이다. 신용위험이 반영된 이자율은 기준금리에서 신용스프레드를 반영하여 산출된다. 위험이자율은 CAPM[2]에서 타인자본과 유사한 의미를 가지고 있다. 회사의 타인자본 조달을 위한 수익률을 의미하며, CAPM의 타인자본과 동일하게 담보가 없는 신용등급에 따른 회사채 이자율을 의미한다.

신용등급은 일반적으로 KISLINE과 같은 신용정보를 제공하는 사이트에서 조회를 할 수 있다. KISLINE에서 조회되는 신용등급은 평가등급, 모형등급 등이 있는데, 평가등급의 경우에는 신용평가사에서 직접 평가한 적정한 등급이지만, 모형등급의 경우 정식평가 없이 신용평가사의 시스템상으로 도출되는 등급으로 적정성에 의문이 있을 수 있으며, 정확한 평가등급의 신용등급과 차이가 있을 수

---

1) John C. Hull, Options, Futures, and Other Derivatives.

2) Capital Asset Pricing Model의 약자로 주식 등의 자산의 기대수익률과 위험의 관계를 도출해내는 모형

있어 적용에 판단이 필요하다. 따라서 모형등급의 경우 적용할 신용평가등급이 없는 경우 마지막에 적용하는 것이 일반적이다.

KOFR(Korea Overnight Financing Repo Rate)

한국무위험지표금리(KOFR)는 2021년 11월 26일부터 「금융거래지표의 관리에 관한 법률」에 따른 중요지표로서 정식 공시되고 있다. KOFR는 KOFR 산출업무규정 및 업무처리에 관한 주요 사항을 심의, 의결하는 독립적 기구인 중요지표관리위원회를 통해서 산정되며, KOFR에 대한 공시 및 통계는 아래의 사이트에서 확인이 가능하다.

출처: 한국무위험지표금리, https://www.kofr.kr/main.jsp

1.4 Bootstrapping

이항모형 등 모형을 적용하기 위해서는 선도이자율을 구해야 한다. 앞에서 설명한 것과 같이 시장에서 구할 수 있는 정보는 YTM이며, 이를 통해서 현물이자율을 산출하고, 현물이자율에서 선도이자율을 산출해야 한다. YTM에서 현물이자율을 산출하는 과정을 Bootstrapping이라고 한다.

Bootstrapping은 신발끈 묶기라는 말이다. 이자율 산출 과정을 Bootstrapping이라고 부르는 이유는 이자율 산출시 신발끈을 매는 것과 같이 처음부터 하나하나 계산해야 하기 때문이다. 예를 들어 Bootstrapping은 1년 만기의 YTM을 통해 1년의 현물이자율 구하고 2년 만기의 YTM과 1년 만기의 현물이자율을 통해서 2년 만기의 현물이자율을 구하는 방식으로 계속 확장하면서 n년차까지의 현물이자율을 산출하는 것이다.

Bootstrapping의 기본가정은 다음과 같다.

- 이자지급이 없으면 YTM과 현물이자율은 동일하다.

이는 기중의 현금흐름이 없기 때문에 최초 발생한 현금 흐름을 현재시점으로 할인할 경우 YTM과 현물이자율이 동일할 것이다. 회사채의 경우 일반적으로 분기로 이자를 지급하기 때문에 3개월짜리 YTM과 현물이자율이 동일하다.

- YTM을 Par rate로 보아, 이자지급주기에 맞게 YTM을 쿠폰으로 지급한다.

Bootstrapping 기법을 통해서 YTM에서 현물이자율을 산출하기 위해서 YTM에 대응되는 기간별 쿠폰이 필요하다. 하지만 YTM은 다양한 채권의 평균적인 수익률이기 때문에 정확한 쿠폰을 알 수가 없다. 이에 액면 발행인 채권으로 가정하여 YTM을 각 시점의 쿠폰으로 보아 현금흐름을 산출한다.

위의 가정사항을 이용해서 실제로 실습을 해보면서 Bootstrapping에 대해서 이해해보자.

1.5 실습(Bootstrapping)

Bootstrapping의 이해를 위한 실습은 개념의 이해를 위한 방식과 실제 업무를 위한 일반식까지 내용을 다루고자 한다. 다만, 이해를 쉽게 하고자 이자지급주기는 연간복리로 가정한다. 설명하는 내용은 제공한 엑셀파일(1. Bootstraping.xlsx)에서 확인이 가능하다.

우선 Bootstrapping의 의미를 전달하기 위한 해 찾기로 실습부터 설명하고자 한다.

평가대상의 평가를 위해서 Bootstrapping을 하는 경우 우선적으로 평가대상의 신용등급을 조회하는 것이 필요하다. 무위험이자율이 필요할 때는 국채의 등급을 적용하고, 위험이자율이 필요한 경우에는 KISLINE 등에서 평가대상의 신용등급을 확인한다. 이후 평가기준일의 해당 등급에 해당하는 YTM을 조회한다.

평가대상 신용등급이 A0이며 평가기준일의 YTM이 아래와 같다고 가정하자.

신용등급	구분	3M	6M	9M	1Y	3Y	5Y
공모 회사채 A0	YTM	2.5	2.62	2.8	3.15	4.26	4.74

위와 같이 YTM을 조회하면, 모든 기간에 대한 YTM 정보가 존재하지 않는다.

1년 단위로 Bootstrapping을 하기 위해서는 연 단위의 YTM 값이 필요한데, 2년과 4년의 값이 없어 조정이 필요하다.

1.5.1 선형보간법을 통한 YTM 조정

이자율의 기간 구조를 반영하는 방식은 여러 가지가 있지만, 각 방법 간에는 유의미한 차이가 발생하지 않는다. 여기서는 간편한 선형보간법을 통해서 2년과 4년의 이자를 추정한다. 선형보간법은 이자율이 선형의 관계를 가지고 있는 것을 가정하고 있어, 2년차 이자율의 경우 1년과 3년의 평균으로 산출하고 4년차 이자율의 경우 3년과 5년의 평균으로 산출된다. 선형보간법을 통해서 조정된 YTM은 아래와 같다.

신용등급	구분	3M	6M	9M	1Y	2Y	3Y	4Y	5Y
공모 회사채 A0	YTM	2.5	2.62	2.8	3.15	3.705	4.26	4.5	4.74
공모 회사채 A0	Spot rate	2.5	2.62	2.8	3.15				

1.5.2 Bootstrapping

이제는 조정된 YTM을 통해서 현물이자율을 산출하는 Bootstrapping이 필요하다. Bootstrapping의 기본가정에 따라서 YTM은 해당 시점이 만기인 채권의 Coupon을 의미하며, 이자지급주기를 1년으로 가정하였기 때문에 1년까지의 기간에 대해서는 YTM과 현물이자율은 동일하다. 즉, ${}_0R_1 = YTM_1 = 3.15\%$이다.

2년의 현물이자율을 산출하기 위해서는 2년만기의 가상의 채권을 이용한다. 2년이 만기인 이표채의 쿠폰은 매년 3.705%이며, 원금은 1원일 경우 해당 이표채의 0시점의 균형가격은 1원이다. YTM은 IRR과 유사한 개념으로 모든 시점의 현금흐름을 해당 YTM으로 할인해서 현가를 도출할 수 있기 때문에 매년 YTM만큼 이자가 발생할 경우 0시점의 균형가격은 원금과 동일하게 된다. 가상의 2년짜리 채권의 현금흐름을 나타내면 다음과 같다.

기간		0	1	2
SPOT 2	원금			1.00000
	이자		0.03705	0.03705
합계		1.00000	0.03705	1.03705

채권을 평가하는 방식에는 모든 채권 현금흐름을 YTM으로 할인하거나, 각 시점의 현금흐름을 대응되는 시점의 현물이자율로 할인하는 방식이 있다. 이자율이 균형이라면, 이표채의 현금흐름을 YTM으로 할인하든, 현물이자율로 할인하든 동일한 결과가 산출되어야 한다. Bootstrapping은 이런 논리를 반영하여 현물이자율을 산출한다.

균형가격을 통해서 2기간의 현물이자율(${}_0R_2$)을 산출하는 방식은 다음과 같다. YTM의 정의에 따라서 쿠폰이 YTM인 모든 현금흐름을 YTM으로 할인하면, 액면금액인 1원이 균형가격으로 구해진다. 결국 현물이자율로 산출해도 1원이 만들어져야 하는데 우리는 위에서 ${}_0R_1 = YTM_1 = 3.15\%$임을 알고 있다. ${}_0R_1$을 알고 있기 때문에 우리가 구하려는 ${}_0R_2$을 미지수로 두면 미지수가 1개인 방정식이 만들어지고 이 방적식의 해를 도출하면 ${}_0R_2$의 값을 산정할 수 있다.

$$= \frac{0.03705}{1+YTM_2(3.705\%)} + \frac{1.03705}{(1+YTM_2(3.705\%))^2} \text{(YTM으로 할인하면 1원)}$$

$$=1$$

$$= \frac{0.03705}{1+{}_0R_1(3.15\%)} + \frac{1.03705}{(1+{}_0R_2)^2} \text{(각 기간의 Spot으로 할인해도 동일하게 1원)}$$

$$=0.0359186 + \frac{1.03705}{(1+{}_0R_2)^2}$$

해당 식을 ${}_0R_2$로 정리하면

$$\rightarrow 1-0.0359186 = \frac{1.03705}{(1+{}_0R_2)^2}$$

$$\rightarrow {}_0R_2 = 0.037153$$

제공하는 엑셀에서는 해당 방정식을 엑셀의 해 찾기 기능으로 푸는 방식으로 제공하고 있다.

기간		0	1	2
SPOT 2	원금			1.00000
	이자		0.03705	0.03705
합계		1.00000	0.03705	1.03705
현가		-	0.03592	0.96408

1, 2년차의 현금흐름을 YTM으로 할인하는 경우와 1년 현물이자율과 2년 현물이자율로 할인하는 값이 동일해야 하기 때문에 두 값의 차가 0이 되는 2년 현물이자율을 엑셀의 해 찾기 기능으로 산정할 수 있다. 엑셀에서 데이터 가상분석 목표값 찾기를 실행하면 아래와 같은 창이 나오는데 수식 셀(D29)을 YTM과 현물이자율로 할인한 금액의 차이(위의 표에서 음영표시된 부분)로 지정하고, 찾는 값은 0으로 값을 바꿀 셀(D18)은 2년 현물이자율로 지정하면, 해당 산식이 성립하는 2년 현물이자율을 산출하게 된다.

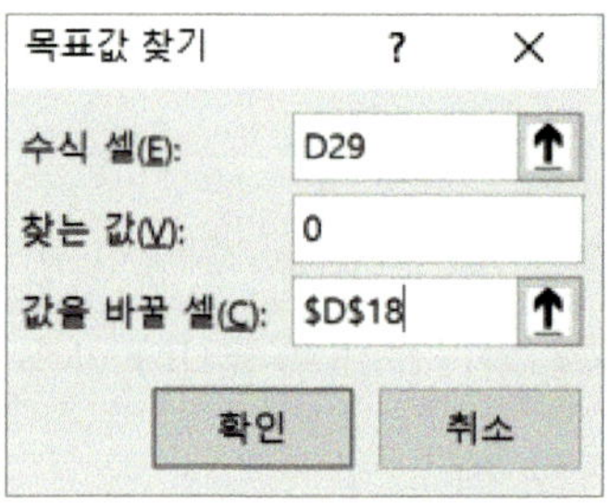

위의 방식과 동일하게 3년차의 경우 YTM_3을 쿠폰으로 보고 ${}_0R_1 = YTM_1 = 3.15\%$, ${}_0R_2 = 3.7153\%$임을 알고 있어 하나의 미지수인 ${}_0R_3$을 구할 수 있다. 동일하게 4년, 5년으로 순차적으로 적용하면 1년부터 5년까지의 현물이자율을 Bootstrapping을 통해서 산출할 수 있다.

위의 방식은 Bootstrapping을 개념을 설명하기 위한 내용으로 해당 방식으로 평가를 하게 되면 매기간 해찾기를 실행해야 하는 번거로움이 생긴다. 위의 방식을 해당 식을 일반화하여 엑셀로 제공하였으며, 엑셀로 확인이 가능하다.

1.5.3 균형이자율 도출

Bootstrapping을 통해서 해당방식으로 5년까지의 Spot rate를 구하면 다음과 같다.

신용등급	구분	3M	6M	9M	1Y	2Y	3Y	4Y	5Y
공모 회사채 A0	YTM	2.5	2.62	2.8	3.15	3.705	4.26	4.5	4.74
공모 회사채 A0	Spot rate	2.5	2.62	2.8	3.15	3.7153	4.2922	4.5425	4.8003

산출한 현물이자율을 모델에 적용할 때는 선형보간법을 통해 1일 단위의 이자율을 산출한 후 노드 시점에 맞는 현물이자율을 적용한다. 여기서 주의할 점은 현물이자율을 선형으로 가정하지 않고 선도이자율을 선형으로 가정하여 노드에 적용하지 않아야 한다. 선도이자율을 선형으로 가정하여 노드에 반영하면, 대응되는 현물이자율로 현금흐름을 할인하는 경우와 선도이자율로 할인하는 경우가 다른 값으로 산출되기 때문이다. 앞에서 이야기한 것과 같이 이자율이 균형이면 현물이자율 혹은 선도이자율로 할인한 값은 같은 값이 나와야 하기 때문에 Bootstrapping을 통해서 산출된 현물이자율을 기간별로 반영하여 노드에서 해당 현물이자율로 선도이자율을 산출한다.

1.6 논의사항

1.6.1 공모회사채, 사모회사채에 대한 적용

채권정보사이트에서 YTM을 조회하는 경우 등급에 따른 공모회사채와 사모회사채가 있다. 평가대상의 경우 일반적으로 사모발행이 대부분이지만, 항상 사모회사채 등급을 사용하는 것은 아니고 공모회사채를 적용하는 경우도 있으며, 공모회사채, 사모회사채 중 어떤 이자율을 적용하는지에 대한 다양한 적용 사례가 있다.

일반적으로 평가대상은 사모이기 때문에 사모회사채를 적용하는 사례도 있고, 사모회사채에서 등급 정보를 확인할 수 없는 경우 더 많은 등급의 정보를 제공하는 공모회사채를 적용하는 사례 모두 일반적으로 사용하고 있다.

1.6.2 신용등급 및 기간의 확장

YTM의 경우에는 제공처에 따라서 확인이 가능한 신용등급에 차이가 있지만, 투기등급에 대한 정보는 부족하다. 따라서 모형등급의 CCC와 같은 등급은 YTM에서 확인이 불가능해서, 시장에서 제공되지 않는 등급에 대해서 어떤 식으로 적용할지 판단이 필요하다.

일반적으로 많이 사용되는 방식은 크게 2가지가 있는데, 신용등급에 따른 스프레드를 가산하는 것과 동일하게 최저 등급에서 스프레드를 추정하여 가산하는 방식이 있으며, 임의 추정이 합리적이지 못한 것으로 보아 조회가 되는 마지막 등급인 B−를 적용하는 방식 등으로 적용하고 있다.

동일하게 제공하는 YTM의 기간을 초과하는 경우 회사채 기간 확장이 필요하다. 일반적으로 회사채의 경우 YTM을 20년까지 제공하는데 해당기간을 초과하는 경우 일정한 가정을 적용한다. 일반적으로 보이는 방식은 크게 국채를 이용해서 국채와 동일한 비율로 증가하는 것으로 가정하여 기간을 확장하거나 회사채의 20년 시점 YTM이 동일하게 유지하는 방법 등이 사용되고 있다.

위에서 언급한 방식 이외에도 다양한 방법이 있을 수 있으며, 모두 가정이 반영된 것이기 때문에 평가인의 판단이 필요한 사안이다.

1.6.3 Bootstrapping 계산 시 복리주기

Bootstrapping을 통한 현물이자율 산출 시 이자의 지급주기에 따라 현물이자율은 다르게 도출된다. 본서에는 설명의 편의를 위해서 연간복리로 설명했지만, 일반적으로는 분기 단위로 복리주기를 보아서 Bootstrapping을 통해 현물이자율을 산출한다. 또한, 국채의 경우 이자지급이 반기로 지급되기 때문에 Bootstrapping을 반기로 적용해야 한다는 의견도 있다.

주가변동성 02

주가 변동성은 파생상품의 기초자산이 되는 기초자산의 변동, 다시 말해 불확실성을 측정하는 수단이다. 주가 변동성을 측정하는 방식은 크게 내재변동성과 역사적 변동성으로 구분된다. 내재변동성은 시장의 기대로 형성되어 미래 지향적인 변동성이며, 역사적 변동성은 주식의 과거 가격을 바탕으로 계산하여, 과거 지향적인 변동성이다.

변동성은 파생상품 가치평가의 가장 주요한 파라미터라고 볼 수 있다. 기초자산, 할인율 등은 시장에서 직접적으로 관측이 가능할 수 있거나 확정되어 있는 경우가 많지만, 변동성은 간접적으로 관측이 가능하기 때문에 평가인의 자의적인 생각이 반영되기 쉬워 구체적인 논의가 필요하다.

정확한 옵션가치 평가를 위해서는 현재 시점에서 옵션의 만기까지의 기초자산의 실제의 변동인 실제변동성을 알아야 하지만, 실제변동성은 만기가 되어야 알 수 있는 변동성이기 때문에 실제변동성을 대체할 수 있는 변동성이 필요하다. 내재변동성과 역사적 변동성 중 적정한 변동성은 무엇인지 알아보자.

2.1 내재변동성

내재변동성은 옵션의 가격에 내재되어 있는 기초자산(주식) 가격의 변동성으로 옵션에서 역산해서 산출된 변동성이다. 보통 블랙숄즈모형을 통해 시장에서 거래되는 옵션의 가격에서 변동성을 제외한 관측가능한 변수를 입력하고, 뉴턴 랩슨[3](Newton-Raphson) 방식 등을 이용한 시행착오법을 이용해서 변동성을 역산해서 산정된다.

내재변동성은 가격에 내재되어 있는 변동성이기 때문에 시장의 기대를 반영한다. 내재변동성은 시장의 변동성에 대한 기대치로 의미를 가지며 기대를 반영하

3) 최초 투입값을 산정된 값의 접선과 접선이 축과 만나는 값으로 시행착오를 반복하여 근삿값을 구하는 방식

기 때문에 미래지향적인 변동성의 의미를 가진다.

내재변동성은 미래에 대한 기대를 반영하기 때문에 투자자들의 시장 예측에 따라서 내재변동성은 변동한다. 일반적으로 시장이 하락할 때 위험이 더 크다고 보는 경향이 있어 투자자들이 시장이 하락세라는 기대가 있을 때는 내재변동성은 상승하며, 반대로 시장이 상승세라고 판단하면 내재변동성은 하락하는 경향이 있다. 일반적으로 증권사에서 ELS 등 파생상품 평가를 할 때는 미래에 대한 기대를 반영하는 내재변동성을 실제변동성의 대용치로 보아서 평가한다.

다만, 내재변동성은 옵션가격에서 역산해서 산정되기 때문에 시장의 기대와 관련 없이 수요와 공급의 불균형이 커지면 내재변동성이 상승하는 경향이 있어 해당 부분에 대해서 고려가 필요하다. 또한 실제 시장에서는 옵션의 행사가격에 따라서 내재변동성이 다르게 발생하는 변동성 미소 현상이 관측되며, 내재변동성을 측정하기 위해서는 변동성 곡면(vol surface) 등이 필요해 계산량이 증가하여 적용이 쉽지 않다.

2.2 역사적 변동성

역사적 변동성은 주식의 과거의 가격 변동으로 측정한 과거의 실측 변동성이다. 과거 회고적이며, 이미 알려진 기초자산의 가격 변동성인 주식의 과거 수익률을 이용하여 계산한다. 주식의 수익률이 로그정규분포(lognormal distribution)를 따른다고 보기 때문에 주가의 변동성 측정도 로그(log)를 사용하여 측정하며, 특정 과거 기간에 대해서 일일 주가 변동성을 연환산하여 산정한다.

내재변동성과 역사적 변동성을 실제로 비교해보면, 경우에 따라서 내재변동성>역사적 변동성, 내재변동성<역사적 변동성인 경우가 모두 발생하며, 둘 간의 차이는 크지 않다.

OTC 마켓에서의 복합상품이나 파생평가에서는 내재변동성은 산출할 수 없기 때문에 어쩔 수 없이 역사적 변동성을 적용한다고 생각하는 사람들이 많을 것이다. 하지만 '내재변동성과 역사적 변동성 차이가 국내 ELW 수익률에 미치는 영

그림 1 한국거래소 정보데이터시스템

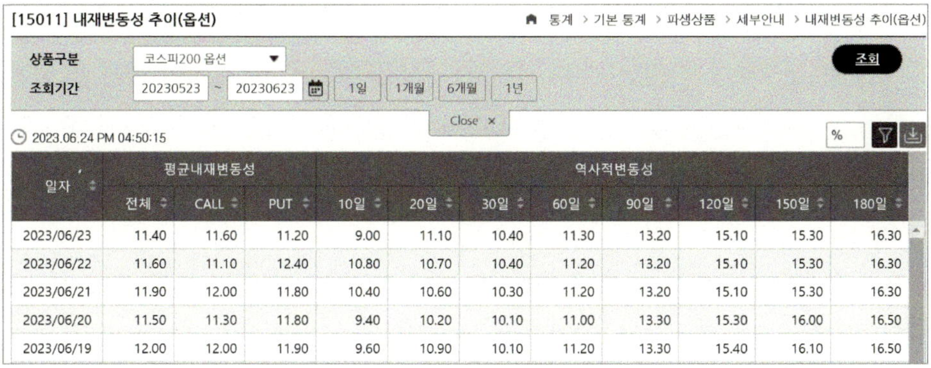
[15011] 내재변동성 추이(옵션) 통계 > 기본 통계 > 파생상품 > 세부안내 > 내재변동성 추이(옵션)

상품구분 코스피200 옵션 조회

조회기간 20230523 ~ 20230623 1일 1개월 6개월 1년

Close ×

2023.06.24 PM 04:50:15 %

일자	평균내재변동성			역사적변동성							
	전체	CALL	PUT	10일	20일	30일	60일	90일	120일	150일	180일
2023/06/23	11.40	11.60	11.20	9.00	11.10	10.40	11.30	13.20	15.10	15.30	16.30
2023/06/22	11.60	11.10	12.40	10.80	10.70	10.40	11.20	13.20	15.10	15.30	16.30
2023/06/21	11.90	12.00	11.80	10.40	10.60	10.30	11.20	13.20	15.10	15.30	16.30
2023/06/20	11.50	11.30	11.80	9.40	10.20	10.10	11.00	13.30	15.30	16.00	16.50
2023/06/19	12.00	12.00	11.90	9.60	10.90	10.10	11.20	13.30	15.40	16.10	16.50

향 분석'[4]에서는 한국 주식 ELW의 실제변동성을 설명하는 능력이 역사적 변동성이 내재변동성에 비해 높다는 사실을 실무적으로 보여주는 연구결과도 있다. 이에 따라 본서의 경우 역사적 변동성을 실제변동성의 적정한 대용치로 보아 기술하고자 한다.

2.3 실습(주가의 역사적 변동성)

주가의 역사적 변동성을 통해서 변동성을 측정하기 위해서는 기초자산인 주가의 변동성 측정이 필요하다. 기초자산이 상장사인 경우에는 해당 상장주가의 변동성을 측정하면 되지만, 비상장사의 경우에는 비상장사의 WACC을 산정하는 것과 동일하게 유사회사를 통해서 유사회사의 주가 변동성을 산출하고 해당 변동성을 대용치로 적용한다. 상장사의 경우에는 유사회사가 하나인 경우와 동일하니 실습은 비상장회사인 경우로 알아보자.

복합상품이나 파생평가시 변동성에 따라서 손익이 크게 달라지며, 어떤 유사회사를 산정하는지에 따라서 변동성이 크게 변한다. 이 때문에 변동성 산정을 위한 유사회사 산정 로직이 중요하다. 유사회사를 산정하는 방식은 평가 목적에

4) 강장구·강종호·이순희, 내재변동성과 역사적 변동성 차이가 국내 ELW 수익률에 미치는 영향 분석, 한국증권학회2015한국증권학회지 44권 4호 615–636(22pages).

따라서 조금은 다를 수 있지만, 감사인의 리뷰를 받는 보고서의 경우에는 절차적 적정성이 가장 중요한 요소이다. 산정된 유사회사가 평가대상과 동일한 영업을 한다는 전제하에 감사인 리뷰 시 유사회사를 Cherry picking이 아닌 적정한 절차를 통해서 산정한 것이 중요한 요소이기 때문에 절차적인 적정성이 중요하며, 유사회사의 산정 방식은 절차적인 적정성만 있다면, 다양한 방식이 인정될 수 있다.

유사회사를 산정할 때 평가대상회사와 완벽하게 동일한 영업을 하는 유사회사는 거의 없기 때문에 기준을 설정하고 산정해야 한다. 예를 들어 반도체 기계를 생산하는 회사의 유사회사로 삼성전자는 적정하지 않을 수 있다. 삼성전자의 경우 반도체의 세계적인 기업이지만 삼성전자 전체 매출의 23년 1분기 기준 반도체 부문은 21.5% 정도로 삼성전자의 주가는 반도체 이외의 다른 영업부문의 영향을 많이 받게 된다. 이런 경우 하나의 예시로 유사 매출 비중이 50%를 초과하는 기업으로 유사회사를 산정하는 등 합리적인 기준을 설정하는 것이 필요하다.

유사회사 산정에 관한 설명을 위한 예시로 가장 흔하게 사용되는 일반적인 유사회사 산정 절차는 다음과 같다. 해당 절차는 예시로 제시하는 것이며, 절대적인 것이 아니다. 절차는 다른 사람들이 보았을 때 적정하다고 판단된다면 다양한 방식이 있을 수 있다.

1) KIND(kind.krx.co.k)의 코스피, 코스닥 상장법인목록을 모집단으로 함(코넥스의 경우 거래량 등 적정한 거래로 보기 힘들어 제외함)
2) 평가대상회사와 동일한 업종 혹은 주요제품 등으로 1차 분류
3) 1차 분류된 목록을 기준으로 유사회사의 매출 혹은 영업이익 기준 50% 초과 등 평가대상회사와의 유사성을 판단할 수 있는 기준으로 2차 분류
4) 2차 분류된 목록을 기준으로 주가 등에 비경상적인 이벤트 등이 발생한 회사를 제외하여 최종 유사회사 산정

위의 과정을 통해 유사회사를 산정하여 변동성을 계산한다.

예시로 제공된 엑셀 파일(2. 변동성.xlsx)에서는 유사회사로 A, B, C사가 산정된 것으로 보고 변동성을 계산하자. 우선 A, B, C 사의 평가 기준일 기준 과거 1년간 주가를 KRX에서 산출하고, 일간 주가수익률을 구한다. 주가 수익률의 경우에는 주가 분포의 가정과 동일하게 적용하기 위해 로그 수익률을 통해서 산정한다.

다음으로 산정된 주가수익률을 통해서 개별 유사회사의 일간 변동성을 산출한다. 일간 변동성 산출은 특정기간에 대한 일간 수익률 표준편차로 구하는데, 표본으로 보아 엑셀에서 STDEV.S 산식을 통해서 구한다. 일간 변동성 산출을 위해서 표준편차를 산정하는 기간은 예제 파일에서는 180영업일을 적용하였다. 해당 기간에 대해서 이견이 있는 경우가 있어 변동성 논의사항에서 다루려고 한다. 위의 방식으로 산정된 일간 변동성을 해당 주식의 연간 거래일수를 반영하여, 연간 변동성을 산출한다. 유사회사의 연간 변동성을 평균하여, 모델에 적용한다.

회사	일간 변동성	거래일수	연간 변동성
A사	2.49%	249	39.27%
B사	2.70%	249	42.57%
C사	1.88%	249	29.73%
연간 변동성 평균			**37.19%**

2.4 논의사항

2.4.1 변동성 측정주기

기초자산 외의 투입변수 중에서 확정적으로 결정되지 않는 것은 변동성이 유일하다. 따라서 변동성은 항상 적정한 수준인지에 대한 검토가 필요하며, 자의적으로 조정하지 않기 위해 유의해야 한다. 변동성은 추정값을 사용해야 하기 때문에 변동성에 대한 측정방식이 평가자 간 의견이 다른 경우도 많다. 그중에 하나가 변동성의 측정주기이다.

변동성을 측정하는 주기에 따라서 변동성의 측정값이 조금씩 달라진다. 일반적으로 변동성 측정은 90일, 180일, 1년 측정값을 연환산하는 것을 사용한다.

John C. Hull 교수의 선물 옵션 교과서에서는 측정의 기간이 길어지면 과거의 설명력은 높아지지만, 오래된 과거자료가 많아지면 실제변동성을 예측하는 능력이 떨어지는 것으로 보아 최근 90일 혹은 180일을 제시하고 있다.[5)]

다른 의견으로는 회계 목적을 위한 평가의 경우에는 주식기준보상의 기대주가 변동성의 내용을 따라 잔여 만기에 해당하는 기간에 대응되는 기간에 대해서 측정해야 한다는 의견도 있다.

<K-IFRS 1102호 주식기준보상>

B25

기대주가변동성을 추정할 때 고려하여야 할 요소에 다음 사항이 포함된다.

(1) 기업의 주식을 기초로 하는 시장성 있는 주식선택권이나 기업이 발행한 것으로서 옵션의 특성이 포함된 다른 시장성 있는 금융상품(예: 전환사채)의 내재가격변동성

(2) 최근 기간의 과거 주가변동성. 이때 일반적으로 최근 기간은 주식선택권 기대 존속기간에 비례하며, 주식선택권의 남은 만기와 예상되는 조기행사의 효과를 고려한다.

(3) 기업의 주식이 공개되어 거래된 기간. 신규 상장된 기업의 주가변동성은 오래 전에 상장된 비슷한 기업의 주가변동성보다 높을 것이다. 신규 상장기업에 대해서는 아래에서 더욱 자세한 적용지침을 제시하고 있다.

(4) 변동성이 장기평균치로 회귀하는 경향과 미래의 기대주가변동성이 과거의 주가변동성과는 다를 것임을 시사하는 다른 요소들. 예를 들면 식별 가능한 기간에 경영권인수 제안 거부나 대규모 구조조정 등으로 주가가 비정상적으로 등락하였다면, 그 기간은 과거 연환산주가변동성을 산정할 때 제외할 수 있다.

(5) 적절하고 정기적인 주가관측 주기. 주가관측치는 기간별로 일관성이 있어야 한다. 예를 들면, 기업은 주가관측치로 매주의 종가나 매주의 최고가를 사용할 수 있지만, 어떤 주에는 종가를 사용하고 다른 주에는 최고가를 사용하지 않아야 한다. 또한 주가관측치는 행사 가격과 같은 통화로 표시한다.

출처: 한국회계기준원, http://kasb.or.kr

---

5) John C. Hull, Options, Futures, and Other Derivatives.

2.4.2 변동성 조정

John C. Hull 교수의 선물 옵션 교과서에서는 변동성의 일반적인 범위를 15~60%로 보고 있다.[6] 역사적 변동성을 측정하다 보면, 해당 범위를 벗어나는 경우가 종종 측정된다. 일반적인 수준을 벗어나는 경우 해당 변동성 수준이 미래에도 지속적으로 유지된다고 보기 어렵다. 변동성 측정기간의 주가의 비경상적인 변동이 있는 경우 조정이 필요한데, 어떤 방식으로 조정할지는 평가인의 판단이 필요한 사항이다.

다만, 회계목적의 평가의 경우 측정된 역사적 변동성에 대해서는 일괄적으로 통계적 기법을 통해서 조정을 하지 않는 것이 일반적이라 변동성 조정이 필요할 경우 감사인과의 커뮤니케이션이 필요할 수 있다. 측정된 변동성을 통계적 기법을 적용하였다는 것만으로 측정하고자 하는 변동성의 설명력이 높아지는 것이 아니며, 통계기법 적용이 자의적일 수 있어 단순히 통계기법으로 이상치제거에는 충분한 검토가 필요하다.

통계적 기법을 이용해서 변동성을 조정하는 경우 보통 IQR(Inter Quartile Range), MSD 등을 이용해서 조정을 한다. IQR, MSD는 모두 통계적으로 이상치(Outlier)를 제거할 때 사용되는 방식이다. 변동성을 조정하지 않는 최근의 추세를 반영하여, IQR을 통한 이상치 제거 방식정도만 간략하게 소개하고 넘어가자.

IQR을 통한 이상치 검증은 우선 사분위수는 전체 데이터값을 높은 순으로 정렬하고, 1/4씩 Q1, Q2, Q3, Q4 구간으로 분할하는 것을 의미한다. 여기에서 25% 구간인 Q1에서 75 % 구간인 Q3의 범위를 IQR이라 한다.

IQR을 이용해 이상치 데이터를 검출하는 방식은 IQR에서 IQR에 1.5를 곱해서 생성된 범위를 이용해 최댓값과 최솟값을 결정한 뒤 최댓값을 초과하거나 최솟값에 미달하는 데이터를 이상치로 본다. 즉, $Q1-1.5 \times IQR \sim Q3+1.5 \times IQR$을 범위로 설정하고 해당범위를 넘어가는 값은 이상치로 판단한다.

---

6) John C. Hull, Options, Futures, and Other Derivatives.

2.4.3 섹터지수변동성

주가변동성 측정을 위해서 유사회사를 산정하지 않고 KRX 자동차와 같은 산업지수의 변동을 측정하여, 주가변동성으로 적용하는 경우도 있다. 산업지수의 경우에는 해당 산업을 대표하는 회사로 구성되며, 구성항목들의 주가로 지수를 만들어 보여준다.

실무적으로는 회계목적상 일반적으로 산업지수의 변동성을 측정한 경우 적정한 변동성으로 판단하지 않는다. 지수 특성상 시가총액이 클 경우 해당 변동성이 크게 영향을 미치게 되고, 지수에 포함된 구성종목 등이 적정한 항목으로 볼 수 없는 경우도 많기 때문이다. 이런 이유로 섹터지수변동성을 적용하는 경우 적정성에 대해서 충분한 고려가 필요하다.

2.4.4 변동성 측정의 대안

역사적 변동성 산출방식은 시간에 대해 무차별적이라는 한계를 가지고 있다. 예를 들어 분석기간이 90일이라면, 90일 전의 수익률과 직전일의 수익률을 동일하게 반영하여 변동성을 측정한다. 하지만, 최근의 충격에 민감하게 반응하고 과거의 사건은 둔감하게 반응하는 시장의 특성을 고려하면, 시간에 대한 고려가 없는 변동성 측정은 시장의 변화를 충분히 반영하지 못한다. 이에 변동성 측정의 대안으로 지수가중평균(EWMA)모형, GARCH모형에 의한 변동성 추정 방식이 제시되었다.

지수가중평균(EWMA)모형은 시간이 과거로 갈수록 낮은 가중치로 반영되어 최신의 정보를 반영하는 모형이다. 지수가중평균(EWMA)에서 u_i는 $i-1$부터 i일까지 수익률이며, λ는 상숫값으로 소멸계수의 의미를 가진다. λ를 통해서 가중치가 반영되며, J.P. Morgan사에 의해 개발된 Risk Metrics에서는 $\lambda=0.94$로 하여 지수가중평균(EWMA)을 적용한다.[7)]

7) John C. Hull, Options, Futures, and Other Derivatives.

$$\sigma_n^2=(1-\lambda)\sum_{i=1}^{m}\lambda^{i-1}u_{n-1}^2+\lambda_{n-1}^m\sigma_{n-m}^2$$

지수가중평균(EWMA)모형을 통한 변동성 측정은 일별가격변화율의 편차 제곱의 평균을 구할 때 최근 시점의 데이터에 가중치를 부여하며, 가중치의 형태가 지수의 형태를 따르게 하는 방식으로 이루어진다. 최근 수익률에 높은 가중치를 부여하기 때문에 시간의 변화를 반영할 수 있게 된다.

GARCH모형은 지수가중평균(EWMA)모형과 유사한데 지수가중평균(EWMA)모형이 GARCH모형의 특수한 형태이다. σ^2와 u_i가 동일하게 반영되지만, GARCH모형에서는 장기평균분산(V_L)이 고려된다. 지수가중평균(EWMA)모형은 $\gamma=0$, $\alpha=1-\lambda$, $\beta=\lambda$인 GARCH모형이다.

$$\sigma_n^2=\gamma V_L+au_{n-1}^2+\beta\sigma_{n-1}^2$$

GARCH모형은 장기적으로는 장기평균분산(V_L) 수준으로 변동성이 수렴하는 것으로 보고 있다. 실제로 변동성은 장기적으로 수렴하는 특성을 가지고 있어, GARCH모형이 가지는 평균회귀성은 변동성에 대한 설명력을 높게 한다.

기초자산 03

3.1 기초자산 평가

파생상품의 기초자산은 다양하다. 금, 구리, 주석, 설탕 등 다양한 기초자산에서 파생된 파생상품들이 있지만, 우리가 관심을 가지고 평가하게 될 상품은 대부분 기초자산이 주식인 경우이다. 주식 가치평가에 대해서도 실무적으로 많은 내용을 다룰 수 있지만, 여기에서는 목적에 맞게 주식 가치평가는 간략하게 설명하고 넘어가자.

파생상품 등 평가에 적용되는 기초자산은 보통 상장주식의 경우 평가기준시점의 주가를 적용하고, 비상장주식은 DCF법(현금흐름할인법), Backsolve법, 상대가치법 등 중 적용가능한 모형을 적용하여 평가를 진행한다.

DCF법의 경우 설명력이 높다는 장점이 있지만, 시간투입이 많이 되고 적정한 수준의 자료가 없는 경우 평가가 불가능하다는 단점이 있다. 일반적으로 발행자 입장의 평가의 경우 우선적으로 DCF법을 적용한다.

Backsolve법은 발행된 상품이 공정가액으로 발행된 것으로 보아, 발행된 상품에서 기초자산을 역산하는 방식이다. 기초자산을 제외한 모든 정보를 평가모형에 입력하고, 발행가와 동일해지는 기초자산가액을 시행착오법을 이용해서 기초자산가액을 산정한다. 엑셀을 이용할 경우 엑셀의 해 찾기 기능을 통해서 구한다. Backsolve법의 기본 가정이 상품의 발행가액이 발행시점의 공정가액이라 보기 때문에 상품의 발행 시점과 평가 시점이 차이가 크면 평가 기준일 시점의 현재의 가치와 발행금액은 차이가 있을 수 있다. 이 때문에 역산을 위한 복합상품과 평가기준일이 근접할 경우 적용한다. 일반적으로 Backsolve법은 다양한 Series가 있는 상품에 대해서 기존발행분을 재평가할 때 사용하는 경우가 많다.

상대가치법의 경우 평가 대상의 지분율이 낮거나 사업초기로 평가대상의 사업계획 혹은 내부 결산자료에 대해서 취득이 불가능할 때 적용하는 경우가 많다. 상대가치의 경우 최소한의 자료로 평가할 수 있는 장점이 있지만, 평가결과에 대한 적정성에 대한 판단이 어려운 단점이 있다.

기초자산을 위한 주식가치평가 방식은 목적과 상황에 맞게 수행되고, 가능하다면 사전에 감사인 등과 커뮤니케이션을 통해 확정을 하는 것이 좋다.

3.2 기초자산 희석효과

종류주식이나 주식매수선택권이 행사될 때 기초자산의 가치가 일부 감소하는 희석효과가 발생하게 된다. 해당 효과를 파생상품 평가에 반영이 필요하다. 상장주가에는 모든 정보가 반영되어 있어, 기발행된 종류주식 및 주식매수선택권의 행사에 따른 추가적인 반영이 필요 없는 것으로 본다.

비상장주식의 경우에는 적정한 방식으로 희석효과를 반영해야 한다. 희석효과를 반영하는 방식은 크게 모든 우선주와 주식매수선택권 등이 전환된 것으로 보는 전환가정법과 부채로 차감하고 파생상품 평가 시 노드에 반영하는 노드반영법으로 크게 2개로 구분된다.

전환가정법으로 희석효과를 반영할 경우 우선 DCF 혹은 상대가치로 영업가치를 산정하고, 행사시점이나 행사가격 등을 고려하지 않고, 우선주 등이 모두 전환된 것으로 가정하여 주식가치를 산정하는 방식이다. 주식가치를 구할 때 우선주 등이 모두 전환된 것으로 가정하기 때문에 1주당 가치를 구할 때도 보통주 주식수에 우선주 등의 주식도 가산하여 산정한다. 기초자산에 희석효과를 모두 반영하기 때문에 이후 노드 등에서 추가적으로 반영할 필요가 없어, 희석효과를 쉽게 반영할 수 있다.

노드반영법은 우선주 등을 기초자산에는 반영하지 않고 파생상품 평가에 반영하는 방식이다. 기초자산을 산정할 때는 우선주 등이 발행되지 않은 것으로 보아 주식가치를 산정하고, 노드에서 희석이 되는 경우 우선주 등이 전환되는 것을 가정하여 평가한다. 희석이 발생하는 노드에서는 유입되는 현금과 주식수를 반영하여, 해당 노드의 희석주식을 산정한다.

참고로 기초자산을 산정할 때 우선주 등의 공정가액으로 차감하고, 노드에 희석효과를 반영할 때 우선주 등의 공정가액으로 반영하는 방식으로 희석효과를 반영하는 방식도 있다. 노드반영법을 발전시킨 것으로 볼 수 있으며, 이 경우 기초자산 산정 시 IBD에 차감되는 금액과 노드에 가산되는 금액은 시행착오법으로 산정하게 된다.

3.3 논의사항

두 가지 방식 모두 한계를 가지고 있는데 전환가정법의 경우에는 반희석효과가 발생할 수 있다는 단점이 있으며, 노드에 반영하는 방식은 희석효과를 반영하면서 주가의 분포가 달라지는 단점이 있다. 완벽한 방식은 없지만, 두 가지 중 전환가정법이 쉽고 간편하게 적용이 가능하여 최근 실무적으로는 전환가정법이 주로 사용되는 추세이다. 하지만 과거에 노드반영법을 통해서 평가한 경우 평가의 연속성을 위해서 동일한 방식으로 업데이트하는 경우도 있어 노드반영법도 참고 목적으로 알아두자.

04 보통주 기대배당

4.1 보통주 기대배당

보통주를 기초자산으로 하는 파생상품의 경우 파생상품 만기 이전에 배당이 발생할 경우 배당락이 발생하고, 파생상품 투자자에게 배당을 수취할 권리가 없다면, 이는 파생상품 공정가치에 영향을 미치게 될 것이다. 콜옵션의 경우 배당으로 인해 주가가 하락하기 때문에 콜옵션의 가치가 하락할 것이며, 풋옵션의 경우 반대로 가치가 상승할 것이다. 따라서 파생상품 만기 이전에 배당금이 발생할 것으로 예상되는 경우, 동 기대배당금을 파생상품 공정가치 평가 시 고려할 필요가 있다. 파생상품 공정가치 평가 시 기대배당금을 어떤 방식으로 반영할 수 있는지 알아보자.

4.2 보통주 기대배당 반영방식

기대배당을 공정가치 평가에 반영하는 방식은 크게 3가지 정도로 나눌 수 있다.

첫 번째는 옵션만기 이전에 발생할 기대배당금의 현재가치를 현재주가에서 차감하는 방법이다. 한국채택국제회계기준(이하 K-IFRS) 제1102호 주식기준보상 문단 B34에서도 '부여한 주식의 공정가치를 추정할 때에는 가득기간에 지급할 것으로 예상되는 배당금의 현재가치를 차감하여 평가한다.'고 기재되어 있다. 동 방법은 기대배당금의 현재가치 산정을 위해 기대배당금의 발생시점 등에 대하여 비교적 구체적인 추정이 필요하기 때문에 파생상품의 만기가 얼마 남지 않아 구체적 추정이 가능한 경우 등에 사용하는 것이 좋을 것이다.

두 번째는 배당이 연속적으로 발생한다고 가정하여 기대배당금을 기대배당액이 아닌 기대연속배당률을 이용하여 평가에 반영하는 방법이다. 이항모형의 경우 위험조정할인율에, 몬테카를로 시뮬레이션의 경우 기대수익률에 동 기대연속배당률을 반영하여 평가가 이루어진다. 동 방법은 배당이 연속적으로 발생한다고 가정하기에 기대배당의 발생시점에 대한 구체적인 추정이 필요하지 않다는 장점이 존재한다. 따라서 동 방법은 파생상품의 잔여만기가 비교적 길게 남아 있어 잔여만기에 대한 배당발생 시점 등에 대한 구체적 추정이 어려울 경우 등에도 사용하기 적합하다는 장점이 있다.

세 번째는 이항모형 혹은 몬테카를로 시뮬레이션 경로상 배당예상일에 기대배당금 지급에 따른 배당락 효과를 반영하는 방법이다. 동 방법도 첫 번째 방법과 마찬가지로 기대배당의 발생시점 등에 대한 비교적 구체적인 추정이 필요하며 배당락을 반영하는 방식도 다른 방법들에 비해 복잡하다는 단점이 존재하나 기대배당에 대한 구체적인 추정만 가능하다면 기대배당을 정교하게 반영하는 방법론이 될 수 있다.

4.3 논의사항

전환우선주 혹은 상환전환우선주의 우선배당에 대하여 평가 시 고려할지 여부에 대하여 평가인 사이에 관점의 차이가 존재한다. 한 가지 관점은 투자자가 우선배당을 수취할 권리가 있으므로 배당락 효과가 상쇄될 것이기에 우선배당에 대하여는 평가에 고려하지 않아도 된다는 의견이다.

다른 관점은 전환우선주 혹은 상환전환우선주의 우선배당을 평가에 반영하여야 한다는 의견이다. 상환전환우선주의 경우 일반적으로 Put Yield 계산시 기지급배당을 차감하는 조항이 있으므로 평가결과에 미치는 영향이 그리 크지 않을 것이나 전환우선주의 경우 우선배당률의 크기에 따라 평가결과에 차이가 발생할 수 있으므로 적용 가정에 대한 사전 검토가 필요할 수 있다.

만약 우선배당을 평가에 반영하는 관점을 채택하여 평가를 진행할 경우, 우선배당의 배당재원이 존재하는지에 대한 검토가 필요하다. 배당가능이익이 없을 것으로 추정되는데도 불구하고 우선배당을 지급하는 Pay-off를 설정하여 평가를 수행하면 평가에 오류가 발생할 수 있다. 따라서 DCF 등 평가시 추정된 미래 영업이익 등을 통해 미래 배당가능이익 규모를 추정하여 해당 규모 안에서 우선배당을 반영하여야 할 것이다.

Chapter 03

옵션평가모형

옵션의 개념 01

옵션이란 계약 당사자 간에 정하는 바에 따라 일정한 기간 내에 미리 정한 가격(exercise price)으로 상품이나 유가증권 등의 기초자산(underlying asset)을 사거나 팔 수 있는 권리를 말한다. 옵션은 옵션보유자에게 어떤 행동을 할 수 있는 권리를 주는 것인데, 권리라는 의미에서 알 수 있듯이 이 옵션보유자는 이 권리를 행사하지 않아도 된다. 이 점이 선물이나 선도계약과 다른 점이 된다. 옵션보유자는 옵션발행자로부터 권리를 가져오기 때문에 옵션계약시점에서 권리에 대한 대가를 지불해야 하며, 이를 옵션가격, 옵션 프리미엄이라고 한다.

옵션에는 기초자산이 주식, 통화, 펀드, 선물 등 다양한 것을 기초로 하여 그 행사방식도 다양하지만 본서에서는 가장 기본이 되는 콜옵션과 풋옵션에 대해서 정리하기로 한다

1.1 콜옵션 가치

콜은 살 수 있는 권리로 옵션의 기초자산 가격이 상승할 때 이익을 내는 것을 콜옵션(Call Option)이라고 한다. 옵션만기시점에 기초자산의 가격(S_T)이 행사가격(K)보다 높으면 콜옵션보유자는 옵션을 행사하여 행사가격으로 기초자산을 매입하여 시장가격에 매도하여 이익을 얻을 수 있다. 만기시점에 기초자산의 가격이 행사가격보다 낮으면 콜옵션보유자는 옵션행사를 포기하여 만기시점의 보유자의 이득은 0이 된다. 유러피언옵션은 정해진 만기일에만 권리를 행사할 수 있는 옵션을 말하며, 만기 전이라도 어느 때나 권리행사가 가능한 것을 아메리칸옵션이라고 한다. 현재시점에서 옵션을 행사하였을 때의 얻을 수 있는 가치를 내재가치(Intrinsic Value)라고 하며, 잔여 기간 동안 기초자산의 가격변동에 따른 가치를 시간가치(Time Value)라고 한다.

만기시점의 콜옵션의 Pay-off = Max($S_T - K$, 0)

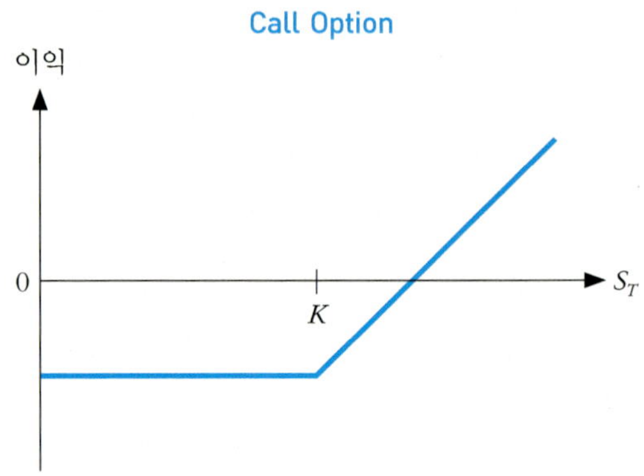

1.2 풋옵션 가치

풋은 팔 수 있는 권리로 옵션의 기초자산의 가격이 하락할 때 유리한 것을 풋옵션(Put Option)이라고 한다. 옵션만기시점에 기초자산의 가격이 행사가격보다 낮으면 풋옵션 보유자는 옵션을 행사하여 기초자산을 행사가격에 매도한 후 시장가격에 그 기초자산을 매입하여 이익을 얻을 수 있다. 만기시점에 기초자산의 가격이 행사가격보다 높으면 풋옵션 매입자가 얻을 수 있는 이익이 없어 권리를 포기하고 옵션보유자의 손익은 0이 된다.

만기시점의 풋옵션의 Pay-off = Max($K - S_T$, 0)

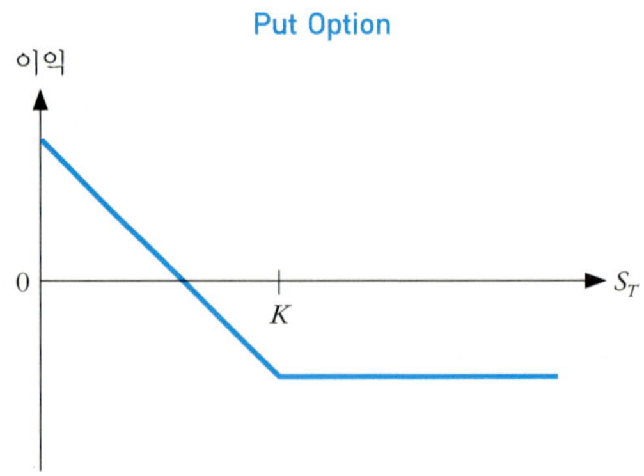

1.3 옵션가격결정요인

옵션을 구성하는 변수에 따라서 옵션가격에 미치는 영향에 대해서 알아보자.

변수	유러피언콜(c)	유러피언풋(p)	아메리칸콜(C)	아메리칸풋(P)
기초자산의 가격(S)	+	−	+	−
행사가격(K)	−	+	−	+
변동성(σ)	+	+	+	+
이자율(r)	+	−	+	−
잔존만기(T)	△	△	+	+
미래배당금(D)	−	+	−	+

S: 기초자산의 가격(주가), K: 행사가격, T: 만기까지의 시간, σ: 주가의 변동성, r: risk-free rate, S_t: t시점 주가, D: 옵션기간 동안의 배당의 현재가치

S: 기초자산의 가격

기초자산의 가격이 오르면 콜옵션 행사에 따른 이익이 증가하기 때문에 콜옵션의 가치도 같이 상승한다. 기초자산의 가격이 상승하여 옵션의 내재가치가 상승하는 것이다. $\text{Max}(S_T - K, 0)$ 식에서 기초자산(S)의 가격 상승이 옵션가격상승으로 이어진다. 반대로 풋옵션의 경우 팔 권리이기 때문에 기초자산이 오르면 풋옵션 보유의 이익이 줄어들기 때문에 내재가치가 감소하여 풋옵션의 가격이 하락한다.

콜옵션: $S \uparrow \Rightarrow C \uparrow$

풋옵션: $S \uparrow \Rightarrow P \downarrow$

K: 행사가격

행사가격은 옵션을 매수, 매도할 때 옵션을 행사하게 되는 기준이 되는 특정한 가격을 말한다. 콜옵션의 경우 행사가격이 낮다는 것은 그만큼 기초자산을 더 낮은 가격에 매입할 수 있어 더 가치가 있다. 즉 콜옵션의 경우 행사가격이 낮으

면 낮을수록 콜옵션의 가치가 높아진다. 반대로 풋옵션의 경우 팔 수 있는 권리이므로 행사가격이 높으면 높을수록 풋옵션의 가치가 높아지게 된다.

콜옵션 : $K \uparrow \Rightarrow C \downarrow$

풋옵션 : $K \uparrow \Rightarrow P \uparrow$

σ: 변동성

변동성이 커지면 옵션의 가치는 증가하게 된다. 이를 직관적으로 이해하기 위해서는 기본적으로 옵션의 Pay-off 구조가 비대칭인 점을 들 수 있다.

아래와 같은 콜옵션의 손익구조상에서 변동성이 커질 경우 ⓐ, ⓑ를 비교하면 기초자산의 하락에 따른 손실의 폭은 제한이 되어 동일한 반면, 상승했을 때의 이익의 폭은 ⓑ가 ⓐ보다 커지는 것을 볼 수 있다. 즉 변동성이 높은 옵션일수록 이익이 훨씬 커질 수 있고 이로 인해 옵션의 가격이 높아지는 것을 알 수 있다. 이와 같은 논리는 콜, 풋옵션에서 모두 마찬가지로 변동성이 높아지면 옵션의 가치가 높아지게 된다

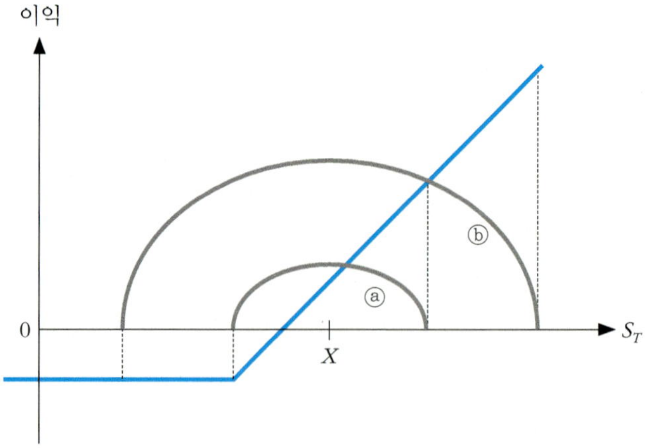

$\sigma \uparrow \Rightarrow C, P \uparrow$

r: 이자율

일반적으로 이자율의 상승은 콜옵션 가치에는 (+)요인, 풋옵션 가치에는 (−)요인이다.

콜옵션은 미래에 행사가격을 지불하고 기초자산을 매입할 권리인데 r이 높을수록 미래에 지불할 행사가격이 적어지므로 콜옵션보유자에게 높은 이자율이 유리하다. 즉 이자율이 높을수록 행사가격의 현재가치가 상대적으로 낮아지므로 콜옵션보유자에게 유리해진다. 반대로 풋옵션 보유자에게는 불리하게 된다.

> 콜옵션 : $r\uparrow \Rightarrow C\uparrow$
> 풋옵션 : $r\uparrow \Rightarrow P\downarrow$

T: 만기까지의 시간(잔존만기)

만기까지 남은 일수로, 잔존만기가 감소하면 옵션의 시간가치가 감소하여 옵션의 가격이 떨어진다. 일반적으로 옵션만기가 길수록 옵션가치가 커지게 된다. 언제든지 옵션을 행사할 수 있는 아메리칸옵션의 경우 만기가 길수록 행사할 수 있는 가능성이 높아지므로 유리하게 된다. 다만 만기시점에만 행사할 수 있는 유러피언옵션이나, 깊은 내가격에 있는 풋옵션의 경우 만기가 길다고 하여 반드시 옵션보유자에게 유리하지는 않다.

> $T\uparrow \Rightarrow C,P\uparrow$

D: 미래 배당금

배당으로 인하여 배당락 주가가 그만큼 하락하기 때문에, 배당은 콜옵션보유자에게는 이익을 줄이게 되고 풋옵션보유자에게는 이익을 증가시키게 된다.

콜옵션 : $D\uparrow \Rightarrow C\downarrow$

풋옵션 : $D\uparrow \Rightarrow P\uparrow$

1.4 옵션가격 범위

옵션의 특성을 이용하면 옵션가격의 상한과 하한에 대해서 유도가 가능하다. 콜옵션의 경우 어떤 경우에도 콜옵션의 가치는 기초자산(주식)의 가치를 초과할 수 없으며, 옵션의 가치의 하한은 옵션행사를 선택하지 않는 것이므로 행사할 때의 가치와 0 중에 큰 것이 하한이 됨을 알 수 있다. 또한 만기 전에도 행사할 수 있는 아메리칸 콜옵션(C)이 만기에만 행사가능한 유러피언 콜옵션(c) 대비보다 유리한 옵션조건을 가지고 있기 때문에 그 옵션의 가치가 높다고 할 수 있다.

$$\max(S_0 - Ke^{-rt},\ 0) \le c \le C \le S_0$$

풋옵션의 경우 어떤 경우에도 옵션을 행사하여 기초자산을 매도하는 가격인 행사가격(K)를 초과할 수 없으며, 옵션의 가치의 하한은 옵션행사를 선택하지 않는 것이므로 행사할 때의 가치와 0 중에 큰 것이 하한이 됨을 알 수 있다. 유러피언 풋옵션(p)의 경우, 만기에만 행사가능하여 행사가격(K)을 현재시점으로 할인한 것에서 현재 기초자산의 가격을 차감하여 산출된다. 반면 아메리칸 풋옵션(P)의 경우에는 언제든 행사가 가능하기 때문에 유러피언옵션과 달리 행사가격(K)의 현재시점으로 할인할 필요없이 옵션의 행사가격(K)을 그대로 적용하면 된다. 따라서 $K \ge Ke^{-rt}$이기 때문에 아메리칸 풋옵션(P)이 유러피언 풋옵션(p)보다 큰 것을 알 수 있다.

$$\max(0,\ Ke^{-rt} - S_0) \le p \le Ke^{-rt}$$

$$\max(0,\ K - S_0) \le P \le K$$

$$p \le P$$

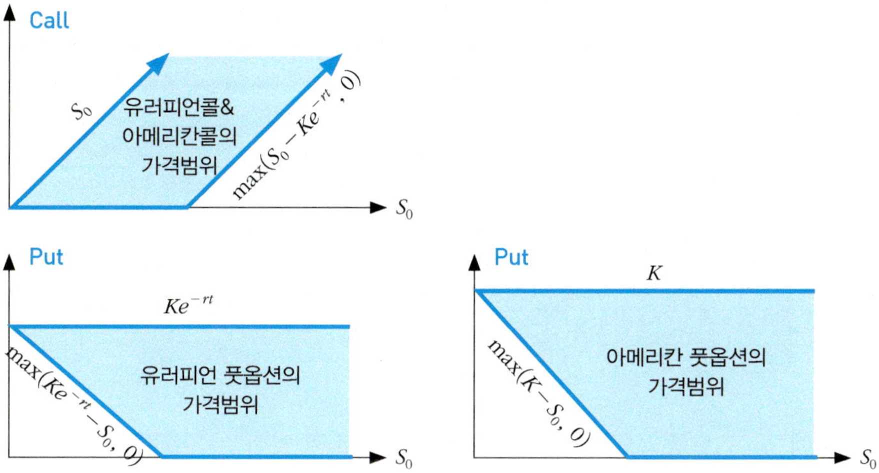

1.5 풋-콜 패리티

하나의 옵션은 기초자산과 다른 옵션과 밀접한 관계를 가지고 있고, 이 관계에 대해 일반적으로 얘기하는 것이 풋-콜 패리티(Put-Call Parity)이다. 풋-콜 패리티는 동일한 행사가격과 만기를 가진 콜옵션과 풋옵션의 가격 사이의 관계를 나타내고 있다.

풋-콜 패리티의 공식은 다음과 같다.

$$c + Ke^{-rT} = p + S_0 : \text{Put-Call Parity}$$

가정: 1. 풋옵션, 콜옵션은 동일한 행사가격(K)와 동일한 만기(T)를 갖는다. 2. 주식은 배당을 지급하지 않는다.

유도: 풋-콜 패리티를 간단하게 증명하기 위해서 아래 두 가지 포트폴리오를 가정해보자

구분		$S_T>K$	$S_T<K$
A 포트폴리오	콜옵션	S_T-K	0
	무이표채	K	K
	합계	S_T	K
B 포트폴리오	풋옵션	0	$K-S_T$
	주식	S_T	S_T
	합계	S_T	K

A: 유러피언 콜옵션 1개+T시점에서 K를 지급하는 무이표채권
B: 유러피언 풋옵션 1개+주식 1주

만기일에 두 포트폴리오의 가치는 $\max(S_T, K)$로 동일한 가치를 갖는다. A, B가 만기일에 동일한 가치라면 현재 시점에서도 동일한 가치이어야 한다.

A의 현재 가치: $c+Ke^{-rT}$
B의 현재 가치: $p+S_0$
$\Rightarrow c+Ke^{-rT}=p+S_0$: Put-Call Parity

풋-콜 패리티는 동일한 기초 자산, 동일한 만기일, 동일한 행사 가격을 가진 풋옵션과 콜옵션의 가격 사이의 관계를 나타낸다. 만일 현재 풋옵션을 가격을 모르더라도 나머지 정보(콜, 행사가격, 기초자산가격)를 통해 풋-콜 패리티 공식으로 풋옵션가격을 유도할 수 있게 된다. 만일 풋-콜 패리티로 유도한 어느 한쪽의 상품이 과대/과소평가되어 있으면 과대평가된 상품을 매도하고, 과소평가된 상품을 매입함으로써 차익거래가 발생할 수 있게 되는 것으로 옵션시장에서 가격 결정과 투자 전략을 평가하는 데 기초적으로 활용되는 공식이다.

블랙숄즈(Black-Scholes)모형 02

블랙숄즈모형은 피셔 블랙과 마이런 숄즈가 1973년에 Journal of Political Economy에 발표하며 세상에 나왔으며 브라운 운동 방정식으로부터 유럽형 옵션의 가격을 산출하는 방정식이다. 피셔 블랙과 마이런 숄즈가 처음 고안했으며 이후 로버트 머튼이 정리하여 오늘날 우리가 아는 블랙숄즈머튼모형이 된다. 이 방정식의 발견으로 인하여 옵션시장은 급속히 성장하고, CBOE(시카고 옵션거래소)와 같은 옵션 상품 거래소가 활성화되었다 한다.

주식 같은 경우에는 고든의 배당할인모형 등 여러 가치평가모형이 있었지만 블랙과 숄즈의 발견 이전에는 옵션의 가치를 정확히 평가하는 모형이 없었기 때문이다. 이러한 공로로 숄즈와 머튼이 노벨경제학상을 1997년에 수상한 것은 너무나 유명한 이야기가 되었다.

추후 옵션가격결정모형으로 주로 활용하게 되는 이항모형의 경우 블랙숄즈의 모형을 이해하기 위해서 노드로 구성하여 보다 쉽게 이해를 할 수 있는데, 실제 이항모형보다 블랙숄즈모형이 먼저 고안되었다는 점이 공부를 하는 입장에서는 흥미롭다.

2.1 모형의 기본가정

블랙숄즈머튼모형의 가정은 다음과 같다:

- 기초 자산 가격은 기하 브라운 운동 과정을 따른다. 기초 자산의 수익률은 로그 정규분포를 따른다. 다시 말해, 로그 연속 복리 수익률은 정규분포를 따른다.

$$x \sim \phi\left(\mu - \frac{\sigma^2}{2},\ \frac{\sigma^2}{T}\right)$$

- (연속 복리) 무위험이자율은 일정하며, 모든 만기에 대하여 일정하다
- 기초 자산의 기대수익률과 변동성은 상수이다.

- 시장은 세금이 없으며, 거래 비용이 없으며, 공매도 제한이 없다. 또한 공매도 자금 사용에 제한이 없고, 연속적인 거래가 가능하며, 시장에서 차익거래 기회가 없다.
- 기초주식의 가격을 기준으로 상대적으로 주식옵션의 가격을 결정할 때 옵션의 가격은 주가의 기대수익률과는 무관하다. 이는 수학적으로 보면 주식의 기대수익률은 블랙숄즈머튼의 미분방정식에는 나타나지 않기 때문이다.

2.2 모형의 설명

블랙숄즈머튼 옵션가격 결정모형

블랙숄즈머튼모형을 이용한 콜옵션, 풋옵션의 공식은 다음과 같다. 각 변수에 대입할 값과 누적정규분포함수를 구하면 간단하게 옵션가격을 구할 수 있게 된다

$$c = S_0N(d_1) - Ke^{-rT}N(d_2)$$

$$p = Ke^{-rT}N(-d_2) - S_0N(-d_1)$$

$$d_1 = \frac{\ln(S_0/K) + (r + \sigma^2/2)T}{\sigma\sqrt{T}}, \quad d_2 = d_1 - \sigma\sqrt{T}$$

c and p = 유러피언 콜옵션/풋옵션 가치

T = 잔여만기

r = 무위험이자율

S_0 = 현재 주가

K = 행사가격

σ = 변동성

$N(x)$ = 표준정규분포 $\phi(0, 1)$를 따르는 변수가 보다 작을 확률(누적분포함수, Cumulative Distribution Function, CDF)*

$N(-x) = 1 - N(x)$

* $N(x)$는 누적정규분포함수로 엑셀에서 '=normsdist' 함수로 계산할 수 있다.

위험중립 가치평가(Risk Neutral Valuation)의 적용

흔히 블랙숄즈머튼모형이 위험중립세계만을 가정하고 진행되는 것으로 알고 있지만, 실제 세계는 위험선호도(Risk Appetite)가 반영된 세계로 단지 위험중립세상만을 가정했다고 하면 실제세계에 적용시 비판을 받게 될 것이다. 블랙숄즈머튼 공식상에서 포함된 변수는 주가, 시간, 주가 변동성, 무위험이자율로 모든 변수가 위험선호도와는 독립적이다. 위험선호도를 반영하는 기대수익률이 변수에 있지 않고 미분방정식을 도출하는 과정에서도 없으며 이는 위험선호도와 독립적인 모형이 되어 위험중립세계를 가정하고 나아가 실제 세계에서 적용되는 장치가 된다. 블랙숄즈머튼모형은 위험중립세계에서 위험선호도가 반영된 실제 세계로 측도를 전환(Measure Change)하여도 위험중립 가치평가가 그대로 적용될 수 있음을 보여주고 있다.

2.3 실습(블랙숄즈머튼모형)

블랙숄즈머튼모형을 실제적으로 구하는 방식은 블랙숄즈머튼모형의 closed form 공식에 각 변수에 해당하는 값을 대입하는 것으로 값을 쉽게 산출할 수 있다. 위에 주어진 블랙숄즈머튼 공식을 그대로 엑셀로 구현하여 옵션의 가치를 간단하게 구해볼 수 있다.

예제로 행사가격: 10,000원, 기초자산주가: 8,000원, 만기: 5년, 이자율: 3%, 변동성: 30%인 옵션을 구하여야 한다고 할 때, 아래 상기 블랙숄즈머튼모형의 공식에 각 변수의 값을 대입하여 구하면 된다. 본서에서 첨부한 '3. 블랙숄즈머튼모형.xlsx' 파일상에서 변숫값을 대입하게 되면 콜옵션은 1,890원, 풋옵션은 2,497원이 산출된다.

K	행사가격	10,000
S	기초자산가격	8,000
T	잔존만기(연)	5

R	무위험이자율	3.00%
Q	배당률	0.00%
SD	변동성	30.00%

구분	금액
콜옵션 가격	1,890
풋옵션 가격	2,497

2.4 한계 및 논의사항

블랙숄즈머튼모형은 주로 유러피언옵션(만기 시점에만 행사 가능한 옵션)의 가치평가에 사용되어 만기 전 언제든 행사가 가능한 아메리칸옵션을 평가하기가 어렵다. 또한 세부적인 계약사항을 반영하기가 힘들 수 있다. 기간에 따라서 행사가격, 행사시기 등의 세부조건이 바뀌는 경우에 이를 반영하는 것에 한계가 있다. 아메리칸옵션의 평가를 위해서 블랙은 각 만기시점별 유러피언옵션을 산출하여 큰 값을 아메리칸옵션 가격으로 정하는 근사적인 추정방법을 제시하기도 하였다.

기본적인 콜·풋옵션의 가격을 간단하게 산출한다는 점에서 실무적으로 스톡옵션을 평가할때, 이항모형으로 산출한 옵션의 가치를 비교해볼 때 등 유용하게 사용할 수 있다.

03 이항옵션모형

3.1 모형의 기본가정

옵션을 평가하는 방법 중 가장 광범위하게 사용하며 이해가 직관적이라고 할 수 있는 방법은 이항모형(Binomial Tree)을 이용하는 것이다. 이항모형은 옵션의 만기까지 기초자산이 변동할 수 있는 여러 갈래의 길(Stock Price Path)을 보여주고 각 시점별 상황에 따른 의사결정을 가정하여 평가할 수 있다.

기초자산이 되는 주가가 '상승' 혹은 '하락'하는 랜덤워크(Random Walk)를 따른다고 가정하고 있으며, 각 시점 간의 기간(Δt)이 작아지게 하여 이항모형을 계산하게 되면 블랙숄즈머튼모형의 결괏값에 수렴하는 결과를 볼 수 있다.

무차익거래 논리로 포트폴리오를 구성하여 무위험포트폴리오를 구성하다는 것을 가정하에 위험중립확률을 이용하여 평가를 진행한다. 이항모형은 아메리칸 옵션과 다른 옵션의 평가에 다양하게 활용이 가능하여 이후에 나오는 CB, RCPS 등의 평가를 위해서 기본적으로 쓰이는 트리(Tree)모형의 기초가 된다.

3.2 모형의 설명

이항모형의 옵션 가격 공식에는 주식 기대수익률이 포함되지 않는다는 점이 흥미롭다. 주가가 상승할 확률에 따라 옵션의 가치가 변동할 것 같지만, 주식의 가치에 상대적으로 옵션가치를 평가하고 있어 주가의 상승, 하락 확률은 이미 주식의 가격에 반영된 것으로 옵션의 가치를 평가할 때에는 이를 다시 고려할 필요가 없는 것이다.

먼저 이항모형을 1기간 모형을 살펴보는 것이 이해하기가 쉬운데, 이항모형에서 가장 기본적인 가정은 투자자에게 차익거래기회가 없다는 점이다.

1기간 모형

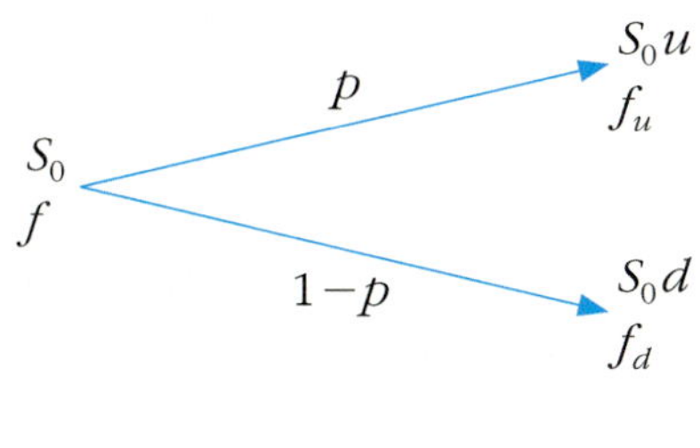

현재 시점에서 주식 S_0, 옵션 f를 가정하고, 1기간 이후에 주가는 S_0u로 상승하거나 S_0d로 하락하게 되며 이에 따라 옵션의 가치는 주가의 상승/하락에 따라서 f_u, f_d로 변하게 된다.

1기간 후 포트폴리오 가치에 불확실성이 없도록 무위험포트폴리오(Riskless Portfolio) 또는 헷지포트폴리오를 구성한다.

포트폴리오 : 콜옵션 1개 매도+주식 Δ주 매입

1기간 후 이 포트폴리오의 가치는 동일해야 하므로 아래의 등식이 도출되어야 한다.

$$S_0u\Delta - f_u = S_0d\Delta - f_d$$

이제 이를 Δ에 대해서 식을 정리하면 아래와 같이 나오게 된다.

$$\Delta = \frac{f_u - f_d}{S_0u - S_0d}$$

무위험포트폴리오는 위험이 없으므로 무위험이자율의 수익률을 얻어야 하며, 다음의 식이 성립한다.

$$S_0\Delta - f = (S_0u\Delta - f_u)e^{-rT} = (S_0d\Delta - f_d)e^{-rT}$$

이를 옵션가치인 f에 대하여 정리하면

$$f = S_0\Delta(1 - ue^{-rT}) + f_ue^{-rT}$$

$\Delta = \dfrac{f_u - f_d}{S_0u - S_0d}$를 대입하면

$$f = S_0\left(\frac{f_u - f_d}{S_0u - S_0d}\right)(1 - ue^{-rT}) + f_ue^{-rT}$$

또는

$$f = \frac{f_u(1 - de^{-rT}) + f_d(ue^{-rT} - 1)}{u - d}$$

또는 $p=\dfrac{e^{rT}-d}{u-d}$ 를 대입하여 식을 정리하게 되면 아래와 같이 도출된다

$$f=e^{-rT}[pf_u+(1-p)f_d]$$

결론적으로 무위험포트폴리오 기준으로 산정한 옵션가치는 다음과 같다.

$$f=e^{-rT}[pf_u+(1-p)f_d]$$

일반적으로 p를 위험중립확률이라고 불리는데 p는 $\dfrac{e^{rT}-d}{u-d}$ 를 단순히 치환한 변수이지만 확률의 모양을 가지고 있어 이를 이용하여 옵션가치를 계산하는 과정에서 중요한 역할을 한다는 특징이 있다.

이를 위험중립세계에서 주가가 상승할 확률로 해석한다면 위험중립세계에서 옵션의 기대미래이득(Expected Future Pay-off)인 $pf_u+(1-p)f_d$를 무위험이자율로 할인한 가치가 옵션가치임을 알 수 있다.

마찬가지로 p가 주가가 상승할 확률이면 기대주가 $E(S_T)$는 다음과 같게 된다.

$$E(S_T)=pS_0u+(1-p)S_0d$$

또는

$$E(S_T)=pS_0(u-d)+S_0d$$

$p=\dfrac{e^{rT}-d}{u-d}$ 를 대입하면

$$E(S_T)=S_0e^{rT}$$

즉, p가 주가가 상승할 확률이면 주가가 평균적으로 무위험이자율로 성장함을 확인할 수 있다.

2기간 모형

앞서 설명한 1기간 모형에서 동일한 로직으로 1기간을 더 확장한 2기간 모형의 노드는 아래와 같다.

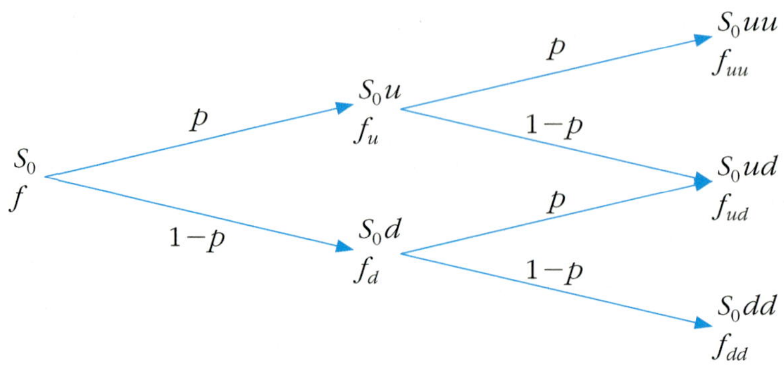

1기간이 Δt이므로 옵션가치 및 위험중립확률은 다음과 같다.

$$f=e^{-r\Delta t}[pf_u+(1-p)f_d]$$

$p=\dfrac{e^{r\Delta t}-d}{u-d}$ 이므로 $f_u=e^{-r\Delta t}[pf_{uu}+(1-p)f_{ud}]$, $f_d=e^{-r\Delta t}[pf_{ud}+(1-p)f_{dd}]$를 이용해서 $f=e^{-r\Delta t}[pf_u+(1-p)f_d]$에 대입하게 되면

$$f=e^{-2r\Delta t}[p^2f_{uu}+2p(1-p)f_{ud}+(1-p)^2f_{dd}]$$

p^2 : 2기간 이항과정에서 주가가 가장 큰 값으로 끝날 확률
$2p(1-p)$: 2기간 이항과정에서 주가가 중간 값으로 끝날 확률
$(1-p)^2$: 2기간 이항과정에서 주가가 가장 작은 값으로 끝날 확률

이 산출된다.

기간을 2기간보다 더 많은 기간으로 나누어 이항모형을 구성해도 위험중립 가치평가 원칙은 계속 성립하며, 옵션의 가격은 가정하의 기대이득을 무위험이자율로 할인한 현재가치와 항상 같게 된다.

유러피언옵션의 경우 만기시점에만 옵션행사 대비 Pay-off를 계산하고 이를 0 시점까지 노드별로 할인하면 된다. 아메리칸옵션의 경우 2시점에서 만기 시 Pay-off를 계산하고 이를 다시 1시점노드를 기준으로 만기 시 Pay-off를 할인한 값과 1시점에서 조기행사를 한 값을 비교하여 더 높은 값으로 결정하고 할인하는 방

식으로 옵션의 가치를 구하게 된다.

앞서 설명하였던 이항모형에 필요한 변수의 기본 산식은 아래와 같다.[1)]

위험중립확률(Risk Neutral Probability) : $p=\dfrac{e^{r\Delta t}-d}{u-d}$

$$u=e^{\sigma\sqrt{\Delta t}},\ d=e^{-\sigma\sqrt{\Delta t}}=\frac{1}{u}$$

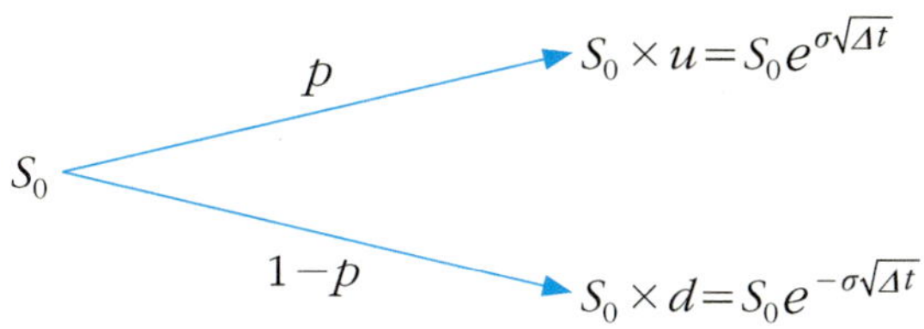

다기간모형확장

앞서 설명한 1기간, 2기간 모형의 경우 단순한 짧은 기간의 이항모형을 설명한 것으로, 실제 이항모형을 이용할 경우, 대체로 30개 이상의 노드를 나누어 계산하게 된다. 노드가 늘어남에 따라 즉 시간의 간격이 줄어들게 됨에 따라 블랙숄즈머튼모형을 통한 가격에 수렴하게 된다. 하지만 적용하게 되는 기본적인 로직은 동일하므로 1기간의 이항모형을 이해한다면 다기간으로 확장하는 것은 어렵지 않게 구성할 수 있다.

3.3 신용위험의 반영

이항모형을 이용하여 콜·풋옵션을 평가하게 되면 기본적인 이론과 가정하에서는 콜·풋옵션을 모두 무위험이자율로 할인하여 산출하기 때문에 콜·풋 평가 시 모두 무위험이자율을 적용하는 것으로 인식하기 쉽다. 실무적으로는 장외 거래 시장의 풋옵션을 평가 시 할인하는 이자율은 발행자의 신용위험이자율을 반

---

1) J. Cox, S. Ross, and M. Rubinstein (1979) Option Pricing—A Simplified Approach, Journal of Financial Economics, 7, 229–263.

영하게 된다. 이는 Hull and White의 논문[2)]에 따라 장외파생상품의 경우 계약상대방에 대한 부도위험을 반영해야 한다는 것을 기초로 하여 실무적으로 풋옵션 발행자의 경우 향후에 보유자의 팔 수 있는 권리에 따라서 그 권리를 보유자가 행사시, 발행자는 발행자의 의도와 상관없이 발행자의 신용으로 지급의무가 있는 부채요소를 가지고 있기 때문에 발행자의 신용위험을 반영한 이자율로 할인하여 옵션을 평가하고 있다.

3.4 실습(이항모형_콜옵션, 풋옵션)

본서에서는 이항모형의 단순한 조건의 콜옵션, 풋옵션 조건을 기준으로 하여 이항모형을 실습예제를 다루어 본다.(* '4. 이항모형(Call&Put).xlsx' 파일 참조)

예제 옵션의 가정은 다음과 같다.

기초자산(주가) : 40,000원, 행사가격 : 50,000원, (무)위험이자율 : 3%, 변동성(σ) : 50%, 잔여만기(연) : 10, 배당금 : 없음, 행사가능시점 : 만기, $\Delta t=1$, $u=\exp(\sigma*\text{SQRT}(\Delta t))=1.64872$, $d=1/u=0.60653$

콜옵션의 평가

기초자산 주가인 40,000원을 기준으로 상승계수(u)는 연간변동성에 기간의 제곱근을 곱한 값을 지수를 취한 값이 되며, 하락계수(d)은 $1/u$가 된다. u, d를 구하여 기초자산 40,000원을 기준으로 각 노드별로 주가가 오른 경우(u), 내린 경우(d)로 구분하여 각 시점에 해당하는 주가노드를 산출한다.

같은 로직으로 만기까지 확장하게 되면 최종적으로 10개의 Time Step(10년을 연도별로 표현)으로 구성된다.

---

2) John Hull, & Alan White (1995). "The impact of default risk on the prices of options and other derivative securities," Journal of Banking & Finance, Elsevier, vol. 19(2), 299-322, May.

Stock Price

0	1	2	3	4	5	6	7	8	9	10
40,000	65,949	108,731	179,268	295,562	487,300	803,421	1,324,618	2,183,926	3,600,685	5,936,526
	24,261	40,000	65,949	108,731	179,268	295,562	487,300	803,421	1,324,618	2,183,926
		14,715	24,261	40,000	65,949	108,731	179,268	295,562	487,300	803,421
			8,925	14,715	24,261	40,000	65,949	108,731	179,268	295,562
				5,413	8,925	14,715	24,261	40,000	65,949	108,731
					3,283	5,413	8,925	14,715	24,261	40,000
						1,991	3,283	5,413	8,925	14,715
							1,208	1,991	3,283	5,413
								733	1,208	1,991
									444	733
										270

이제 주가트리를 이용하여 콜옵션의 이항트리를 구성할 수 있다.

Call Option

0	1	2	3	4	5	6	7	8	9	10
23,510	43,942	80,644	145,207	256,487	444,805	758,997	1,278,861	2,136,796	3,552,142	5,886,526
	10,713	21,043	40,530	76,381	140,559	252,242	441,543	756,292	1,276,074	2,133,926
		4,185	8,769	18,041	36,316	71,223	135,425	248,432	438,756	753,421
			1,258	2,866	6,445	14,260	30,880	64,924	130,724	245,562
				221	561	1,422	3,606	9,140	23,169	58,731
					–	–	–	–	–	–
						–	–	–	–	–
							–	–	–	–
								–	–	–
									–	–
										–

예제는 만기시점에 옵션을 행사할 수 있다고 가정하였기 때문에 만기시점의 Pay-off를 구한 후 이항모형을 적용하여 각 노드별 콜옵션가격을 계산하여 최종적으로 현재 시점의 콜옵션가격을 구하고자 한다.

만기시점 Pay-off

Step	10	
0	5,886,526	=MAX(5,936,526 – 50,000, 0)
1	2,133,926	=MAX(2,183,926 – 50,000, 0)
2	753,421	=MAX(803,421 – 50,000, 0)
3	245,562	=MAX(295,562 – 50,000, 0)
4	58,731	=MAX(108,731 – 50,000, 0)
5	–	=MAX(40,000 – 50,000, 0)
6	–	=MAX(14,715 – 50,000, 0)
7	–	=MAX(5,413 – 50,000, 0)
8	–	=MAX(1,991 – 50,000, 0)
9	–	=MAX(733 – 50,000, 0)
10	–	=MAX(270 – 50,000, 0)

만기시점을 Pay-off는 주가에서 행사가격(50,000원)을 차감한 것과 0 중에 큰 것이 옵션보유자의 이익이 된다.

9시점을 보게 되면, 10시점의 주가를 위험중립확률식에 대입하여 할인율로 할인하게 된다. 만일 이 옵션이 아메리칸옵션으로 만기 전에도 행사가 가능하다면 위험중립확률로 할인한 값과 해당 시점에서 옵션을 행사하게 될 경우와 비교하여 큰 값을 선택하여 옵션을 평가해야 한다(해당 예제는 유러피언옵션으로 만기시에만 옵션이 행사하게 되는 경우로 가정하였다).

Call Option Price

Step	0	1	2
Discount Factor		0.97087	0.97087
P		0.40633	0.40633
	23,510	43,942	80,644
		10,713	21,043
			4,185

Call Option Price

Step	0	1	2
Discount Factor		0.97087	0.97087
P		0.40633	0.40633
	23,510=(0.40633×A+(10.40633)×B)×0.97087	A=(0.40633×80,644+(1−0.40633)×21,043)×0.97087	80,644
		B=(0.40633×21,043+(1−0.40633)×4,185)×0.97087	21,043
			4,185

최종적으로 산출된 콜옵션의 0시점 노드를 보게 되면 만기시점부터 소급하여 계산한 옵션가격을 위험중립확률을 통해 계산하여 무위험이자율로 할인한 23,510원이 됨을 볼 수 있다.

풋옵션의 평가

풋옵션의 경우에도 콜옵션과 마찬가지로 주가노드를 산출하여야 하는데 이는 앞서 설명한 주가노드와 동일하다.

Stock Price

0	1	2	3	4	5	6	7	8	9	10
40,000	65,949	108,731	179,268	295,562	487,300	803,421	1,324,618	2,183,926	3,600,685	5,936,526
	24,261	40,000	65,949	108,731	179,268	295,562	487,300	803,421	1,324,618	2,183,926
		14,715	24,261	40,000	65,949	108,731	179,268	295,562	487,300	803,421
			8,925	14,715	24,261	40,000	65,949	108,731	179,268	295,562
				5,413	8,925	14,715	24,261	40,000	65,949	108,731
					3,283	5,413	8,925	14,715	24,261	40,000
						1,991	3,283	5,413	8,925	14,715
							1,208	1,991	3,283	5,413
								733	1,208	1,991
									444	733
										270

주가트리를 이용하여 풋옵션의 이항트리를 구성할 수 있다.

Put Option

0	1	2	3	4	5	6	7	8	9	10
20,714	16,314	11,383	6,594	2,799	636	–	–	–	–	–
	24,773	20,514	15,236	9,524	4,422	1,104	–	–	–	–
		28,940	25,162	19,916	13,498	6,916	1,915	–	–	–
			32,988	30,025	25,315	18,684	10,688	3,322	–	–
				36,682	34,766	31,132	25,101	16,270	5,764	–
					39,847	39,011	36,832	32,415	24,282	10,000
						42,433	42,474	41,716	39,618	35,285
							44,549	45,138	45,260	44,587
								46,397	47,336	48,009
									48,099	49,267
										49,730

예제는 만기시점에 옵션을 행사할 수 있다고 가정하였기 때문에 만기시점의 Pay-off를 구한 후 이항모형을 적용하여 각 노드별 풋옵션가격을 계산하여 최종적으로 현재 시점의 풋옵션가격을 구하고자 한다. 만기시점의 주가와 비교하여 행사가격(50,000원)이 주가보다 큰 경우 풋옵션을 행사하는 것을 가정한다.

만기시점 Pay-off

Step	10	
0	–	=MAX(50,000−5,936,526 , 0)
1	–	=MAX(50,000−2,183,926 , 0)
2	–	=MAX(50,000−803,421 , 0)
3	–	=MAX(50,000−295,562 , 0)
4	–	=MAX(50,000−108,731 , 0)
5	10,000	=MAX(50,000−40,000 , 0)
6	35,285	=MAX(50,000−14,715 , 0)
7	44,587	=MAX(50,000−5,413 , 0)
8	48,009	=MAX(50,000−1,991 , 0)
9	49,267	=MAX(50,000−733 , 0)
10	49,730	=MAX(50,000−270 , 0)

만기시점 Pay-off는 행사가격(50,000원)에서 주가를 차감한 것과 0 중에 큰 것이 옵션보유자의 이익이 된다.

9시점을 보게 되면, 10시점의 주가를 위험중립확률로 가중평균하여 할인하거나 해당 시점에서 옵션을 행사하게 될 경우와 비교하게 된다(해당 예제는 유러피언 옵션으로 만기 전에 행사하게 되는 경우는 고려하지 않았다).

Put Option Price

Step	0	1	2
Discount Factor		0.97087	0.97087
P		0.40633	0.40633
	20,714	16,314	11,383
		24,773	20,514
			28,940

Put Option Price

Step	0	1	2
Discount Factor		0.97087	0.97087
P		0.40633	0.40633
	20,714=(0.40633×A+(1−0.40633)×B)×0.97087	A=(0.40633×11,383+(1−0.40633)×20,514)×0.97087	11,383
		B=(0.40633×20,514+(1−0.40633)×28,940)×0.97087	20,514
			28,940

최종적으로 산출된 풋옵션의 0시점 노드를 보게 되면 만기시점부터 소급하여 계산한 옵션가격을 위험중립확률을 통해 계산하여 위험이자율로 할인한 20,714원이 됨을 볼 수 있다.

3.5 한계

이항모형은 그 모형이 가진 이론적인 한계점이 존재하게 되는데 실무적으로 주로 얘기되는 한계점은 노드 개수에 따른 가격변동이 있을 수 있다는 점이다. 이항모형은 이산적인 가격단계를 가정하고 있어 시간을 일정한 간격으로 분할하여 가치를 계산하게 된다. 이로 인해서 현실의 연속적인 시간 구조를 정확하게 모사하지 못할 수 있으며, 실제적으로 모형적용시 설정한 시간 간격의 개수(노드 개수)에 따라 옵션의 가치가 변동이 될 수 있다.

또한 이항모형은 각각의 노드가 독립적으로 확률적으로 동작하는 것을 가정하는 모형으로, 전기 노드의 과정을 중첩적으로 반영하고 있어, 경로의존성을 반영하기 어렵다. 예를 들어 옵션의 행사가격이 행사시점 기준으로 일정기간의 평균으로 조정되는 옵션이 있다면, 각 시점별로 경로별 기간평균을 구하게 되는데 이는 이항모형의 계산량이 급격히 증가하게 되고, 조정된 행사가격으로 인한 이후 시점의 변동에 대한 순환관계가 발생하게 되어 옵션가치 산출을 어렵게 할 수 있다.[3)]

3.6 논의사항

3.6.1 주식매수선택권 평가 시 기대만기에 대한 논의

앞서 설명한 콜옵션의 경우 실무적으로 가장 흔하게 접할 수 있는 것이 주식매수선택권(Stock option)으로 전형적인 콜옵션에 해당된다고도 볼 수 있다.

다만, 주식매수선택권의 경우 일반적으로 종업원들의 일정한 근로조건을 조건으로 하여 옵션을 부여하게 되어, 가득기간과 행사가능기간이 나뉘어져 있어, 유러피언옵션과 아메리칸옵션이 혼합된 성격을 가지고 있다. 이 때문에 국제회계기준위원회(ISAB)는 유러피언옵션을 평가하는 블랙숄즈머튼모형을 적용할 시에는 계약상 만기가 아닌 기대존속 기간을 가격결정요소로 사용하고, 이항모형의

---

3) 조희연(2015), 기하평균 재조정 옵션에 대한 이항 가격 결정 모형, 경영연구, 30(4), 179－198.

경우에는 조기행사가능성을 반영하여야 한다고 기준서 결론도출문단에서 언급한 바 있다. 실무적으로 블랙숄즈머튼모형을 적용한 결괏값과 이항모형의 결괏값이 큰 차이가 없을 것이라고 보고 옵션의 만기를 계약만기가 아닌 기대만기로 적용하여 평가하게 된다.

다만, 이 기대만기를 설정하는 것에 따라 옵션의 결괏값이 크게 달라짐에 따라 기대만기를 어떻게 설정할지에 대한 어려움이 남게 된다.

일반적으로 부여내역의 경험이 많은 경우 회사의 경험률에 근거하여 판단하면 되지만 부여경험이 적어 경험률을 적용하지 못할 경우 실무적으로 SEC Topic14[4]에서 제시한 간편법을 차용하여 옵션을 행사할 수 있는 기간의 절반 수준을 기준으로 만기를 설정하거나 보수적으로 계약만기에 기초하여 계약전체기간을 만기기간으로 설정하고 평가하는 등의 방법을 사용하게 된다. 결론적으로 평가대상 회사의 각 상황에 맞는 합리적인 기대만기를 설정하여 평가하여야 한다.

<K-IFRS 1102호 주식기준보상>

B17

예상되는 조기행사 효과를 고려하는 방법은 사용하는 옵션가격결정모형에 따라 다르다. 예를 들면 블랙－숄즈－머튼모형에서는옵션의 기대존속 기간(종업원주식선택권의 경우 부여일부터 주식선택권을 행사할 것으로 예상되는 날까지의 기간을 말함)의 추정치를 옵션가격결정의 한 요소로 사용하여 조기행사 효과를 고려할 수 있다. 옵션가격결정요소로 옵션의 계약기간을 사용하는 이항모형이나 이와 비슷한 모형에서는 조기행사의 효과를 모형 자체에서 고려할 수 있다.

B18

주식선택권의 조기행사 효과를 추정할 때 고려하여야 할 요소는 다음과 같다.

(1) 가득기간의 길이 주식선택권은 일반적으로 가득기간이 끝나기 전까지는 행사할 수

4) SEC. Codification of Staff Accounting Bulletins. Topic 14: Share－Based Payment. Available at: https://www.sec.gov/interps/account/sabcodet14.htm

없기 때문이다. 따라서 주식선택권이 가득될 것이라는 가정에 기초하여, 예상되는 조기행사가 가치평가에 미치는 영향을 파악한다. 가치평가할 때 가득조건과 관련하여 고려하는 상황에 대해서는 문단 19~21에서 규정한다.

(2) **비슷한 주식선택권의 과거평균존속 기간**

(3) **기초주식의 가격** 주가가 행사 가격을 특정수준 이상 초과할 때 종업원이 주식선택권을 행사하는 경향이 있다는 것을 과거 경험으로 알 수도 있다.

(4) **종업원 직급** 예를 들면 상위직급 종업원은 하위직급 종업원보다 늦게 주식선택권을 행사하는 경향이 있다는 것을 과거 경험으로 알 수도 있다(문단 B21 참조).

(5) **기초주식의 기대주가변동성** 평균적으로 볼 때 종업원은 주가변동성이 낮은 주식의 주식선택권보다 주가변동성이 높은 주식의 주식선택권을 먼저 행사하는 경향이 있을 수 있다.

출처: 한국회계기준원, http://kasb.or.kr

04 몬테카를로 시뮬레이션(Monte Carlo Simulation)

몬테카를로 시뮬레이션의 콘셉트는 폴란드계 미국 수학자인 스타니스와프 울람(Stanislaw Ulam)에 의해 처음 개발되었다. 스타니스와프 울람은 병에 걸려 집에서 쉬고 있을 때 카드게임을 하며 이 카드게임을 이기기 위한 확률을 연구하였는데, 그가 매우 위대한 수학자였고, 매우 많은 시간을 투입하였음에도 불구하고 확률을 구하는데 실패하였다. 그래서 그가 떠올린 방법이 카드게임을 매우 많이 수행하여 게임을 이긴 횟수를 전체 게임 수행 횟수로 나누어 게임을 이길 확률을 구하는 것이었다. 신뢰할 만한 결과를 얻기 위해서는 카드게임을 매우 많이 수행해야 했기에, 그는 그의 친구이자 현대 컴퓨팅 구조의 창시자인 폰 노이만(John von Neumann)에게 부탁하여 컴퓨터로 시뮬레이션을 돌릴 수 있는지 물어보았으며, 이것이 몬테카를로 시뮬레이션의 기원이 되었다.

몬테카를로는 모나코의 도시 이름인데, 스타니스와프 울람의 삼촌이 자주 가던 카지노가 몬테카를로에 있었고, 몬테카를로 시뮬레이션도 카지노와 같이 무작위 특성을 이용하다는 점에서 이 이름이 지금까지 이어져 오게 되었다.

4.1 모형의 기본가정

몬테카를로 시뮬레이션은 무작위 샘플을 이용하여 수학적 문제를 해결하는 통계적 기법으로, 많은 수의 무작위 샘플을 추출하여 추출된 샘플의 평균 결과를 통해 이론적 평균 결과를 추정하는 기법이다.

무작위 샘플 추출시 무작위 샘플은 샘플이 추출된 모집단의 특성을 적절히 반영하고 있어야 한다. 다시 말해서 무작위 샘플을 추출하기 위하여 모집단의 특성, 즉 확률분포를 알 필요가 있으며, 샘플은 이러한 모집단의 확률분포에 따라 추출되게 된다.

또한 큰수의 법칙에 따라 시뮬레이션 결과가 수렴하기 위하여 충분히 많은 시행횟수가 필요하다. 큰수의 법칙이란 통계학 및 확률론에서 매우 중요한 개념으로 반복된 독립시행에서의 평균 결과는 이론적인 평균 결과에 수렴한다는 개념이다.

4.2 모형의 설명

실무에서 많은 경우 이항모형을 이용해 평가가 이루어진다. 하지만 이항모형으로 평가가 어려운 경우에 몬테카를로 시뮬레이션 방식의 평가방법이 필요하게 된다. 대표적으로 주가가 아닌 매출 등에 대한 추정이 필요할 때, 기초자산이 2개 이상일 때, 혹은 경로의존성을 반영한 평가가 필요할 때 등이 몬테카를로 시뮬레이션 기법이 필요한 평가의 예가 될 것이다.

몬테카를로 시뮬레이션을 처음 들었을 때에는 용어가 낯설어 어렵게 느껴질 수 있다. 하지만 이는 매우 간단한 개념이며 크게 다음의 절차를 통해 수행된다.

① 모집단의 특성을 확인함
② 모집단의 특성을 만족하는 무작위 샘플을 추출함
③ 추출된 샘플을 토대로 구하고자 하는 값을 산출함

모형을 설명하기 위해 간단한 2가지 예를 들어보고자 한다.

첫 번째 예시는 '동전 던지기'다. 우리는 앞/뒷면의 무게가 동일한 이상적인 동전을 던졌을 때 앞면이 나올 확률과 뒷면이 나올 확률이 각각 50%라는 사실을 직관적으로 알고 있다. 우리는 동전을 실제로 던져서 앞/뒷면이 나온 횟수를 동전을 던진 총 횟수로 나누어 앞/뒷면이 나올 확률을 추정할 수 있으며, 이는 동전을 던진 횟수를 증가시킴에 따라 큰수의 법칙에 의해 실제 확률에 근접해갈 것이다. 하지만 실제로 동전을 수없이 던지기에는 매우 많은 시간이 필요하여 과거 스타니스와프 울람이 했던 것처럼 이 작업을 컴퓨터에게 맡기는 것이 좋다.

① 모집단의 특성을 확인함

동전던지기의 특성은 앞면과 뒷면이 무작위로 나오는 것이므로,

② 모집단의 특성을 만족하는 무작위 샘플을 추출함

예를 들어 '1(앞면)'과 '0(뒷면)'을 무작위로 추출하는 방식으로 동전던지기의 무작위 샘플을 추출한 후

③ 추출된 샘플을 토대로 구하고자 하는 값을 산출함

'1' 혹은 '0'이 나온 횟수를 전체 횟수로 나누어 앞/뒷면이 나올 확률을 계산할 수 있다.

두 번째로는 조금 더 복잡한 예시를 들어보겠다. 우리는 원의 넓이를 구하는 공식이 πr^2이라는 것을 알고 있다. 하지만 원의 넓이를 구하는 공식을 모른다면 원의 넓이를 어떻게 구할 수 있을까? 예를 들어 반지름이 1인 원의 넓이는 다음과 같이 구할 수 있을 것이다. 우선 너비가 2인 정사각형과 정사각형에 내접하는

원을 그리고 정사각형 내부에 무작위로 충분히 많은 점을 찍어보자. 그리고 원 내부에 있는 점의 개수를 전체 점의 개수로 나누고 정사각형의 넓이인 4를 곱하면 원의 넓이의 근삿값을 얻을 수 있을 것이다.

하지만 위와 같은 일을 직접 수행하는 것은 시간이 많이 걸리므로 해당 작업을 컴퓨터에게 맡겨 시뮬레이션을 돌릴 수 있다. 컴퓨터에게 해당 작업을 수행하게 하기 위해서 위에서 서술한 바와 같이 모집단의 특성을 반영한 무작위 샘플을 추출하고, 전체 모집단에서 원의 넓이의 특성을 만족하는 샘플의 수를 전체 모집단의 수로 나누어 주어야 한다.

① 모집단의 특성을 확인함

해당 예시에서 모집단은 정사각형 내부에 찍힌 점이라고 할 수 있다. 이를 좌표평면으로 가져오면,

② 모집단의 특성을 만족하는 무작위 샘플을 추출함

정사각형에 찍힌 점은 $-1 \leq x \leq 1$, $-1 \leq y \leq 1$를 만족하는 (x, y)의 집합으로 표현할 수 있을 것이다.

③ 추출된 샘플을 토대로 구하고자 하는 값을 산출함

중심이 (0, 0)이고 반지름이 1인 원의 방정식은 $x^2+y^2=1$이므로 $x^2+y^2 \leq 1$을 만족하는 (x, y)의 개수를 구한 후 전체 점의 개수로 나누면 '원의 넓이 / 정사각형의 넓이'에 근사한 값을 얻을 수 있을 것이다. 마지막으로 정사각형의 넓이인 4를 곱해주면 원의 넓이의 근사치를 구할 수 있다.

2가지 예를 통해 확인할 수 있었듯이 몬테카를로 시뮬레이션을 이용하면 Closed Form으로 구할 수 없는 다양한 값을 구할 수 있다는 장점이 있기에 파생상품 평가시에도 다양하게 활용되고 있다.

위의 내용을 유러피언 콜옵션의 가치를 구하는 데 동일하게 적용해보도록 하자. 기본적으로 유러피언 콜옵션은 옵션 만기시 주가와 옵션 행사가격을 비교하

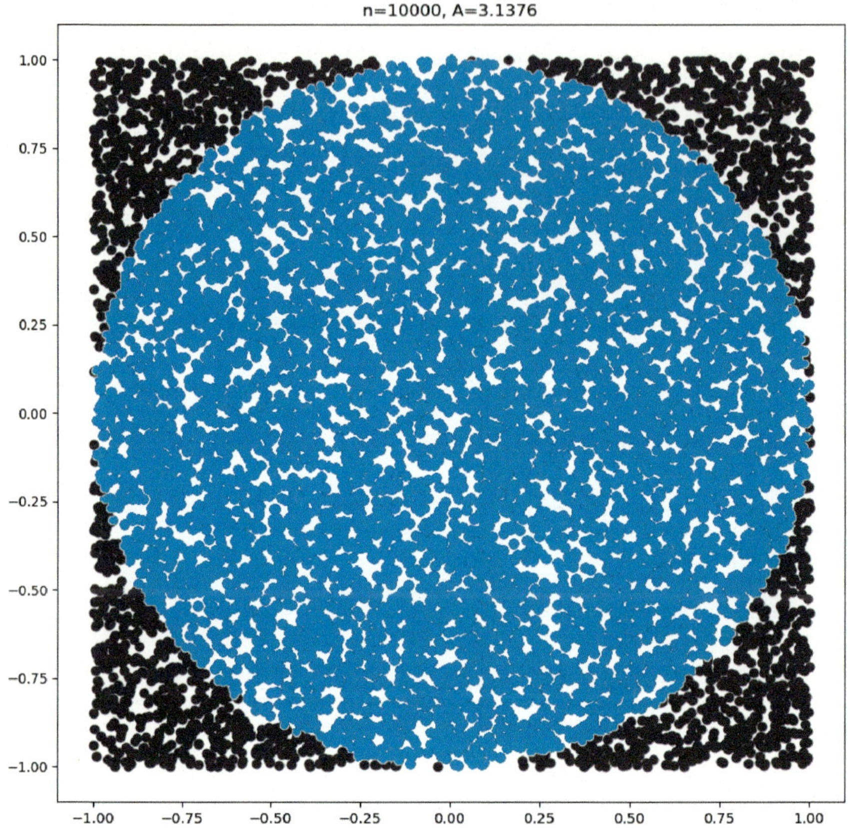

그림의 예시에서 시행횟수 10,000번을 기준으로 원의 넓이의 근삿값은 3.1376으로 산출되었다.

여 주가가 더 크면 옵션을 행사하고, 행사가격이 더 크면 옵션을 행사하지 않아 $\text{Max}(S_T - K,\ 0)$의 Pay-off를 갖게 된다. 해당 Pay-off 중 변수는 S_T이며, S_T에 대한 값만 확인할 수 있다면 우리는 만기 Pay-off를 확정할 수 있게 된다. 따라서 우리는 주가가 향후 어떻게 변화할지에 대하여 시뮬레이션을 수행할 것이다.

① 모집단의 특성을 확인함

주가의 흐름을 설명하는 모형 중 가장 대표적인 모형은 기하브라운모형이다. 기하브라운모형에 따르면 주가는 다음과 같은 산식을 따른다.

$$S_t = S_0 e^{\left(\mu - \frac{1}{2}\sigma^2\right)t + \sigma W(t)}$$

S_t : t 시점의 주가
μ : 기대수익률
σ : 주가변동성
$W(t)$: 난수(확률변수 $\sim N(0,\ t)$)

② 모집단의 특성을 만족하는 무작위 샘플을 추출함

다음 단계로 ①의 특성을 만족시키는 무작위 샘플을 추출하여야 한다. 이는 엑셀 혹은 파이썬 등을 통하여 수행할 수 있으며, '4.3 실습' 부분에서 자세히 다루도록 하자.

③ 추출된 샘플을 토대로 구하고자 하는 값을 산출함

②의 과정을 통해 추출된 만기시 주가 샘플을 통해 각각 만기시 Pay-off인 Max($S_T - K$, 0)를 산출하고, 해당 만기 Pay-off의 평균값을 현재가치로 할인하여 유러피언 콜옵션의 공정가치를 산출할 수 있다.

4.3 실습(MC_유러피언 콜옵션)

상기 설명한 방법을 동일하게 적용하여 유러피언 콜옵션을 평가하는 실습을 해보도록 하자.(* '5. Monte_Carlo.xlsx' 파일 참조)

① 모집단의 특성을 확인함

0시점의 주가인 S_0는 앞서 설명한 바와 같이 상장사의 경우 종가를, 비상장사의 경우 DCF 등을 통해 산출한 주가를 사용할 수 있으며, 기대수익률 μ는 파생상품평가시 위험중립세계를 가정할 수 있으므로 무위험이자율 r을 이용할 수 있다. 주가변동성 σ는 역사적 변동성을 통해서 산출할 수 있으며, $W(t)$는 평균이 0이고 분산이 t인 정규분포를 따르는 확률변수로 엑셀함수를 통해 확률변수 추출이 가능하다.

② 모집단의 특성을 만족하는 무작위 샘플을 추출함

다음 단계로 ①의 특성을 만족시키는 무작위 샘플을 추출하여야 한다. 예시 엑셀파일에서 0시점의 주가인 S_0는 100의 값을 사용하였다. 기대수익률 μ는 무위험이자율을 사용하였으며, 모형의 단순화를 위해 무위험이자율이 일정함을 가정하였다. 변동성은 40%로 산출되었다고 가정하였다. 마지막으로 난수를 추출해야 한다. $W(t)$는 평균이 0이고 분산이 t인 정규분포를 따르므로, $W(t)$를 $\sqrt{t}$로 나누면 평균이 0이고 분산이 1인 표준정규분포를 따르게 된다. 따라서 다음의 식이 성립한다.

$$\frac{W(t)}{\sqrt{t}} = Z(t)$$

$$W(t) = Z(t)\sqrt{t}$$

$Z(t)$는 평균이 0이고 분산이 1인 표준정규분포를 따르는 확률변수를 의미한다. $Z(t)$는 엑셀에서 '=NORM.INV(RAND( ),0,1)' 혹은 '=NORM.S.INV(RAND( ))' 함수를 이용하여 추출할 수 있다.

No	0	1	2	3	4	5	6	7	8	9	10	11	12
1		(1.727)	1.419	(0.667)	0.416	0.645	(0.075)	0.021	1.215	0.603	0.127	1.200	(1.933)
2		(0.825)	(0.765)	0.212	(0.132)	0.913	0.548	0.228	(0.688)	1.893	(0.380)	0.144	0.587
3		0.782	0.578	(0.267)	(0.397)	1.072	(2.341)	0.251	(1.788)	(0.642)	1.645	(1.711)	(0.177)
4		(1.782)	0.777	(0.094)	(0.775)	(1.860)	0.431	1.351	(0.721)	(1.685)	(1.137)	1.340	1.377
5		(0.660)	(1.858)	2.180	0.451	0.495	1.233	0.870	1.989	0.343	(2.036)	1.368	1.049

유러피언 콜옵션 평가를 위해서는 만기시점의 주가만 추정하면 되지만, 만기까지 기간 동안의 주가의 흐름을 파악할 수 있도록 예제파일 상에서는 만기 1년, Δt는 1개월(1/12년)로 세팅하여 시행횟수 5번의 몬테카를로 시뮬레이션을 수행하였다.

No	0	1	2	3	4	5	6	7	8	9	10	11	12
1	100	81	95	88	92	98	97	97	111	118	119	136	108
2	100	90	82	84	82	91	96	98	90	112	106	108	114
3	100	109	116	112	106	119	91	93	75	69	83	68	66
4	100	81	88	87	79	63	66	77	70	58	50	58	68
5	100	92	74	95	99	104	120	132	165	171	134	156	175

③ 추출된 샘플을 토대로 구하고자 하는 값을 산출함

총 5개의 샘플을 추출한 결과 만기시점 주가가 행사가격인 110보다 큰 경우는 2번, 5번 샘플 2가지였으며, 2 샘플의 만기시점 Pay-off는 각각 4, 65로 산출되었고 해당 Pay-off를 무위험이자율로 할인한 현재가치의 평균을 구하여 옵션가치의 기댓값을 산출할 수 있다. 물론 5번의 시행횟수는 기댓값이 수렴하기에는 매우 부족하므로 실제 공정가치 평가시에는 기댓값이 수렴할 수 있을 정도의 충분히 많은 시행횟수만큼 시뮬레이션을 수행하여야 한다.

No	Pay-off	현재가치
1	–	–
2	4	4
3	–	–
4	–	–
5	65	64
평균	14	14

4.4 한계

위에서 소개한 몬테카를로 시뮬레이션은 유러피언옵션 평가시에만 적용될 수 있으며 아메리칸옵션 평가시에는 적용되지 못한다는 한계가 존재한다. 일반적으로 옵션은 아메리칸 혹은 버뮤다 형식으로 발행되며, 유러피언옵션의 경우 블랙숄즈머튼모형의 Closed Form으로도 계산이 가능하기에 몬테카를로 시뮬레이션으로 평가하여야 할 실익이 크지 않다. 이러한 한계점을 극복하기 위해

LSMC(Least Square Monte Carlo Simulation) 등의 방법이 고안되었으나 모형의 복잡성으로 인해 실무적으로는 반드시 LSMC모형이 필요한 경우에만 제한적으로 사용되고 있다.

4.5 논의사항

4.5.1 LSMC(Least Square Monte Carlo Simulation)

몬테카를로 시뮬레이션은 이항모형과 같이 평가를 하기 위한 한 가지 방법론으로, 동 방법론을 적용하여 다양하게 응용이 가능하다.

예를 들어 상기에서 언급한 바와 같이 일반적인 몬테카를로 시뮬레이션 모형(이하 MC 모형)은 아메리칸옵션에 대한 평가가 불가하지만, 몬테카를로 시뮬레이션을 활용한 Least Square Monte Carlo Simulation(이하 LSMC)[5)] 모형을 적용하면 아메리칸옵션 평가가 가능하다. LSMC 모형은 회귀분석을 활용해 옵션의 기대 보유가치를 추정하여 몬테카를로 시뮬레이션 모형으로 아메리칸옵션을 평가할 수 있는 방법론을 제시하였다. LSMC 모형의 아메리칸옵션 평가 로직을 간단히 소개하면 다음과 같다. 우선 주가의 경로를 만기(T시점)까지 추정하는 것은 MC 모형과 동일하다. 이후 만기에서부터 옵션 행사시 Pay-off(이하 내재가치)와 옵션 보유시 기대 Pay-off(이하 기대 보유가치)를 비교해나가는 것이다. 만기 시점(T시점)에서는 기대 보유가치가 0이기 때문에 내재가치가 0 이상인 노드에서 옵션을 행사함을 가정한다. 다시 직전 노드($T-1$시점)에서 동일하게 내재가치와 기대 보유가치를 비교한다. 내재가치가 0 이하인 경우는 옵션을 행사하지 않을 것이므로 내재가치가 0 이상인 경우(내가격)에 대해서만 옵션을 행사할지 보유할지에 대한 검토가 필요하다. 이 때 기대 보유가치를 산정한 후 내재가치와 비교하여야 하는데, 기대 보유가치는 $T-1$ 시점 기준 내가격 주가경로의 주가(X) 및 보유가치(Y)에 대해 회귀분석을 수행하여 산정한다. 이렇게 산정

5) The Review of Financial Studies Spring 2001 Vol. 14, No. 1, 113−147.

된 기대 보유가치와 내재가치를 비교하여 옵션을 행사하는 것이 유리하다면, $T-1$시점에 옵션을 행사하는 것으로 의사결정을 수정한다. 이와 같은 과정을 0시점까지 반복하면 아메리칸옵션의 가치를 산정할 수 있다. 동 방식은 엑셀의 VBA 혹은 파이썬 등 코딩을 활용해 구현이 가능하며, 몬테카를로 시뮬레이션의 특성상 반복수행을 하여야 하기 때문에 시간이 다소 오래 걸린다는 단점이 존재한다. 또한 재무보고목적 평가시에는 평가결과에 대한 감사인의 재현검증 가능 여부가 중요한데 LSMC모형으로 평가시 재현검증에 어려움이 존재하여 이항모형으로 추가적인 검증절차가 필요할 수 있다는 점 등의 단점이 존재하므로 LSMC모형으로 평가를 수행하기 전 다른 평가모델을 적용할 수 있는지 검토해 보는 것이 좋다.

몬테카를로 시뮬레이션은 시행횟수가 많을수록 평가결과가 수렴하기 때문에 시행횟수를 많이 설정하여야 하는 부담이 존재한다. 회계법인 등에서는 약 1만 번 정도 시뮬레이션 수행시 평가결과가 어느 정도 수렴한다고 보아 약 1만 번의 시뮬레이션을 수행하는 경우가 많다. 시뮬레이션 수행시 평가결과가 더 빠르게 수렴하도록 하는 난수를 추출하기 위해 대조변수법, 통제변수기법, 중요표본추출법, 층화 표본추출법, 적률매칭기법 등 다양한 분산감소기법이 고안되었다.

4.5.2 상관관계 MC(Correlated Monte Carlo Simulation)

주주간 계약 등 재무보고 목적평가에서는 일반적으로 이항모형을 적용해서 평가를 하는 경우가 많지만, 계약사항에 따라서 몬테카를로 시뮬레이션을 적용해서 평가해야 하는 경우가 있다. 대표적인 경우가 기초자산이 2개 이상인 경우와 주주간 계약의 행사가 평가대상 주가로만 결정되지 않고 EBIT과 같은 수익조건 혹은 부채비율과 같은 재무비율에 따라서 변동하는 경우이다. 이런 경우에는 일반적인 이항모형으로는 평가가 쉽지 않다. 해당 상품을 이항모형으로 평가하기 위해서는 모든 항목에 상관계수가 1이라는 비현실적인 가정으로 평가를 할 수밖에 없다. 위의 내용을 반영하기 위하여 적용하는 방식이 상관관계 MC이다.

상관관계 MC와 일반적인 MC의 차이는 난수 생성에 있어 상관관계를 반영해서 난수를 생성하는 것에 있다. 주가와 EBIT에 대해서 시뮬레이션을 가정해보자. 주가와 EBIT의 상관관계가 반영된 난수를 생성하고 주가와 EBIT에 대해서 각각 시뮬레이션을 하면 측정된 상관계수가 반영된 주가, EBIT 노드가 생성된다. 해당 노드에 계약 사항을 반영해서 주주간 계약에 대한 평가를 진행하면 된다.

구체적으로 다음과 같은 절차로 상관관계 MC 평가가 이루어진다.

1. 상관관계 행렬 생성

상관관계 행렬은 상관관계를 반영하고자 하는 대상에 대해서 상관계수(ρ)를 측정한다. 예를 들어, 두 변수 간의 상관관계가 ρ인 경우, 상관 행렬은 다음과 같다.

$$\mathbf{R} = \begin{pmatrix} 1 & \rho \\ \rho & 1 \end{pmatrix}$$

2. Cholesky 분해

상관관계 행렬 R에 대해서 Cholesky 분해를 수행한다. Cholesky 분해는 상관 행렬을 하삼각 행렬과 그 전치 행렬로 분해하는 방식이다. 예를 들어, 두 변수의 상관 행렬을 Cholesky 분해한 결과는 다음과 같다.

$$\mathbf{L} = \begin{pmatrix} 1 & 0 \\ \rho & \sqrt{1-\rho^2} \end{pmatrix}$$

3. 상관관계를 반영한 난수 생성

상관관계를 반영한 난수를 생성하기 위해서는 일반적인 MC와 동일한 절차를 통해서 난수를 각각 생성하고 생성된 난수에 L 행렬을 반영해서 상관관계가 반영된 난수를 생성한다. 예를 들어, 일반적인 MC와 동일한 절차로 생성된 독립적인 난수 Z_1와 Z_2는 L을 곱하면 다음과 같이 계산된다.

$$X_1 = Z_1$$

$$X_2 = \rho Z_1 + \sqrt{1-\rho^2} Z_2$$

해당 방식으로 산출된 X_1과 X_2는 관측된 상관관계를 반영하고 있으며, 이를 통해 산출된 시뮬레이션 결과도 동일한 상관관계를 반영하게 된다.

4. 시뮬레이션 및 계약사항 반영

상관관계가 반영된 난수가 생성되면 일반적인 MC와 동일한 방식으로 노드를 산출한다. 이후 산출한 노드에 계약 사항을 반영해서 평가를 한다.

복합상품 평가모형 05

5.1 복합상품 평가방법론

5.1.1 전환금융상품의 특성

전환금융상품은 전환사채, 상환전환우선주, 신주인수권부사채, 교환사채 등과 같이 원본증권을 기초자산으로 전환이 가능한 금융상품을 말한다. 따라서 전환금융상품은 일반적으로 주계약에 해당하는 채무상품과 전환권, 신주인수권 혹은 교환권 등의 파생상품으로 구성된다. 또한 많은 전환금융상품이 투자자의 조기상환권(Put) 및 발행자의 수의상환권(Call) 등 기타 파생상품과 함께 발행되는 경우가 많다.

이러한 전환금융상품을 평가할 때 주의해야 할 점은 이런 다양한 파생상품 간의 상호의존성을 고려하여 평가를 수행하여야 한다는 점이다. 이는 한국채택국제회계기준에서도 명확히 언급하고 있는 바이며, 따라서 각 옵션의 가치를 각각 구한 후 각 옵션의 가치를 더하는 요소가산모형(Bond plus Option Model)으로 평가시 평가결과에 중대한 오류가 발생할 수 있다. 이에 따라 전환금융상품 평가시 주계약 및 파생상품 간 상호의존성을 고려하여 평가하는 방식인 위험조정할인모형(Blended Discount Model)을 적용하여 평가가 필요하다.

<K-IFRS 제1107호 금융상품: 공시>

BC28

IAS 32에서는 복합금융상품의 부채요소와 자본요소를 분리하도록 요구한다. IASB는 그 가치가 상호의존적인 복수의 내재파생상품 특성이 있는 복합금융상품(예: 발행자가 보유자에게서 금융상품을 재매수할 수 있는 권리가 내재되거나 보유자가 발행자에게 금융상품을 재매도할 수 있는 권리가 내재된 전환채무상품)은 이러한 특성이 없는 복합금융상품보다 부채요소와 자본요소의 분리가 더욱 복잡하다는 점에 주목하였다. 지분의 특성이 있는 내재파생상품과 지분의 특성이 없는 내재파생상품이 상호의존적이라면, 부채요소와 자본요소의 가치를 별도로 측정하여 합산한 금액은 복합금융상품 전체의 가치와 동일하지 않을 것이다.

출처: 한국회계기준원, http://kasb.or.kr

또한 주계약과 다양한 파생상품이 함께 발행됨에 따라 권리간 우선순위가 평가에 중요한 영향을 미칠 수 있다. 예를 들어 투자자의 전환권이 발행자의 수의상환권에 우선하는 경우 투자자는 발행자의 수의상환권 행사를 막기 위해 전환권을 행사하는 경우가 생길 수 있고, 반대로 발행자의 수의상환권이 투자자의 전환권에 우선하는 경우 투자자의 전환권 행사를 막기 위해 발행자가 수의상환권을 행사할 수 있다. 동일한 권리가 부여되었다고 하더라도 이와 같이 권리간 우선순위의 차이에 따라 평가결과에는 큰 영향을 미칠 수 있으므로 평가시 권리간 우선순위에 대한 검토가 반드시 필요하다.

5.1.2 전환금융상품 회계처리

전환금융상품의 회계처리는 전환금융상품에 포함된 파생상품의 특성에 따라 매우 다양하고 복잡하다. 이에 따라 파생상품 계약내용에 대한 자세한 검토가 필수적으로 요구된다.

가장 먼저 확인하여야 할 사항은 전환권이 회계기준상 자본의 기준을 만족하는지 여부이다. 전환권이 자본의 기준을 만족한다면 전환권은 잔여가치로 인식된다. 전환권이 자본의 기준을 만족하지 못해 부채로 분류된다면 공정가치 평가를 하여 인식이 필요하다. K-IFRS상 전환권이 자본의 정의를 만족하기 위하여 Fixed-for-Fixed 요건을 만족하여야 한다.

<K-IFRS 제1032호 금융상품: 표시>

16

금융상품의 발행자가 문단 11의 정의를 적용하여 해당 금융상품이 금융부채가 아니라 지분상품인지를 판단하는 경우에는 다음 조건((1),(2))을 모두 충족하는 금융상품만이 지분상품이다.

(1) 다음의 계약상 의무를 포함하지 않는다.

(가) 거래상대방에게 현금 등 금융자산을 인도하기로 하는 계약상 의무

(나) 발행자에게 잠재적으로 불리한 조건으로 거래상대방과 금융자산이나 금융부채를 교환하는 계약상 의무

(2) 자기지분상품으로 결제하거나 결제할 수 있는 계약으로서, 다음 중 어느 하나에 해당한다.

(가) 변동 가능한 수량의 자기지분상품을 인도할 계약상 의무가 없는 비파생상품

(나) 확정 수량의 자기지분상품에 대하여 확정 금액의 현금 등 금융자산을 교환해야만 결제할 파생상품. 이러한 목적상 같은 종류의 비파생 자기지분상품을 보유하고 있는 기존 소유주 모두에게 기업이 주식인수권, 옵션, 주식매입권을 지분비율에 비례하여 부여한다면, 어떤 통화로든 확정금액으로 확정수량의 자기지분상품을 취득하는 주식인수권, 옵션, 주식매입권은 지분상품이다. 또 이러한 목적상 자기지분상품에는 다음의 금융상품은 포함되지 않는다.

① 문단 16A·16B나 문단 16C·16D에서 기술한 모든 특성을 갖추고 그 문단에서 기술한 조건을 충족하는 금융상품
② 자기지분상품을 미래에 수취하거나 인도하기 위한 계약인 금융상품

계약상 의무(파생금융상품에서 생기는 계약상 의무를 포함한다)에 따라 자기지분상품을 미래에 수취하거나 인도하는 결과가 발생하더라도, 위 (1)과 (2)의 조건을 충족하지 않는 계약상 의무는 지분상품이 아니다. 예외적으로, 금융부채의 정의를 충족하는 금융상품이 문단 16A·16B나 문단 16C·16D에서 기술한 모든 특성을 갖추고 그 문단에서 기술한 조건을 충족한다면, 그 금융상품을 지분상품으로 분류한다.

출처: 한국회계기준원, http://kasb.or.kr

둘째로 조기상환권이 주계약과의 분리요건을 충족하는지 여부에 대한 검토가 필요하다. 내재파생상품의 분리요건은 기준서상 다음과 같다.

<K-IFRS 제1109호 금융상품>

4.3.3
복합계약이 이 기준서의 적용범위에 포함되는 자산이 아닌 주계약을 포함하는 경우에는 다음을 모두 충족하는 경우에만 내재파생상품을 주계약과 분리하여 이 기준서에 따른 파생상품으로 회계처리한다.
(1) 내재파생상품의 경제적 특성·위험이 주계약의 경제적 특성·위험과 밀접하게 관련되어 있지 않다(문단 B4.3.5와 B4.3.8 참조).
(2) 내재파생상품과 조건이 같은 별도의 금융상품이 파생상품의 정의를 충족한다.
(3) 복합계약의 공정가치 변동을 당기손익으로 인식하지 않는다(당기손익-공정가치 측정 금융부채에 내재된 파생상품은 분리하지 아니한다).

출처: 한국회계기준원, http://kasb.or.kr

조기상환권이 분리요건을 충족하지 않더라도 전환권이 내재파생상품부채로 분리된다면 전환권과 조기상환권의 상호의존효과를 고려하여 조기상환권도 함께 분리하여 회계처리하는 것이 일반적이다.

세 번째로 발행사의 콜옵션(수의상환권 혹은 매도청구권)이 있다면 동 콜옵션이 내재파생상품의 요건을 만족하는지 여부에 대한 검토가 필요하다. 2022년 금융위에서 '발행회사가 지정하는 자'가 콜옵션을 행사할 수 있는 경우 동 콜옵션은 내재파생상품의 정의를 만족하지 못하여 별도의 금융상품으로 회계처리하여야 한다는 지침을 내린 바 있다. 만약 콜옵션이 내재파생상품으로 분류된다면 전환권 및 조기상환권과 합하여 순액으로 내재파생상품부채(자산)을 인식하여야 하며, 별도의 금융상품으로 분류된다면 별도의 자산(투자자 입장이라면 별도의 부채)으로 회계처리가 필요하다.

<K-IFRS 제1109호 금융상품>

4.3.1

내재파생상품은 파생상품이 아닌 주계약을 포함하는 복합상품의 구성요소로, 복합상품의 현금흐름 중 일부를 독립적인 파생상품의 경우와 비슷하게 변동시키는 효과를 가져온다. 내재파생상품은 내재파생상품이 포함되지 않았을 경우의 계약에 따른 현금흐름의 전부나 일부를 특정된 이자율, 금융상품가격, 일반상품가격, 환율, 가격 또는 비율의 지수, 신용등급이나 신용지수 또는 그 밖의 변수에 따라 변동시킨다. 이 때 해당 변수가 비금융변수인 경우는 계약의 당사자에게 특정되지 않아야 한다. 특정 금융상품에 부가되어 있더라도, 계약상 해당 금융상품과는 독립적으로 양도할 수 있거나 해당 금융상품과는 다른 거래상대방이 있는 파생상품은 내재파생상품이 아니며, 별도의 금융상품이다.

출처: 한국회계기준원, http://kasb.or.kr

5.1.3 전환금융상품 최초평가 및 후속측정

전환금융상품의 평가방법은 크게 전환권이 자본인 경우와 부채인 경우로 나누어진다.

① 전환권이 자본인 경우

전환권이 자본인 경우 전환권은 잔여지분으로 회계처리하기에, 공정가치 평가

시 전환권이 없다고 가정하고 평가를 수행하여야 한다. 만약 전환사채에 조기상환권이 포함되어 있다면 전환권이 없다고 가정하여 조기상환권부사채에 대한 평가가 필요하다. 따라서 이 때에 Black-Derman-Toy모형(이하 BDT모형) 등으로 평가가 수행된다.

만약 조기상환권을 주계약과 분리하였다면, 최초평가 이후 매 결산일마다 조기상환권 가치를 BDT모형 등으로 전환권을 배제하고 평가할 필요가 있다. 조기상환권을 주계약과 비분리하였을 경우에는 최초평가시에만 조기상환권부사채와 잔여지분인 전환권의 배부를 위해 조기상환권부사채 가치를 평가하여야 하며 향후에는 조기상환권부사채 전체를 상각후원가로 상각할 것이므로 후속평가가 필요하지 않다.

평가결과가 다음과 같을 때 케이스별 회계처리내역은 다음과 같다. 계약만기 5년, 풋옵션 행사시기 4년 후 도래, 정액법 상각을 가정하였다.

구분	발행일	결산일
주계약 공정가치	50	40
조기상환권 공정가치	30	35

구분	전환권 자본 & 조기상환권 분리			
발행일	보통예금 전환권조정(*1)	100 50	전환사채(*1) 파생상품부채(*2) 전환권대가(*3)	100 30 20
결산일	이자비용(*4) 파생상품평가손실(*5)	10 5	전환권조정 파생상품부채	10 5

계산내역	
(*1)	발행일 주계약 평가액=50=100-50
(*2)	발행일 조기상환권 평가액=30
(*3)	발행가액-조기상환권부사채 평가액=100 -(50+30)=20
(*4)	주계약 상각액=(100-50)×(1 / 5)=10
(*5)	결산일 & 발행일 조기상환권 평가액 차액=35-30=5

구분	발행일	결산일
주계약 공정가치	50	평가 불필요
조기상환권 공정가치	30	평가 불필요

구분	전환권 자본 & 조기상환권 비분리			
발행일	보통예금 전환권조정(*1)	100 20	전환사채(*1) 전환권대가(*2)	100 20
결산일	이자비용(*3)	5	전환권조정	5

계산내역	
(*1)	발행일 조기상환권부사채 평가액=50+30=80=100−20
(*2)	발행가액−조기상환권부사채 평가액=100 −(50+30)=20
(*3)	주계약 상각액=(100−80)×(1 / 4)=5 상각기간은 계약만기가 아닌 기대만기(풋옵션 행사시기 도래일 등) 적용 필요

② 전환권이 부채인 경우

전환권이 부채인 경우 전환권은 내재파생상품부채로 공정가치 평가의 수행이 필요하다. 이때 조기상환권은 일반적으로 전환권과 함께 분리하여 내재파생상품부채로 함께 평가가 수행된다. 이때 내재파생상품부채 가치 산정을 위해 전체 전환금융상품의 가치를 평가하게 되고 이때 Tsiveriotis-Fernandes모형[6](이하 TF모형) 혹은 Goldman Sachs모형[7](이하 GS모형) 등이 적용된다. Tsiveriotis-Fernandes모형 혹은 Goldman Sachs모형 등으로 전체 전환금융상품 가치를 구한 후 주계약인 사채가치를 차감하여 내재파생상품의 가치를 산정한다.

구분	발행일	결산일
주계약 공정가치	50	40
조기상환권 공정가치	30	35
전환권 공정가치	30	45

6) Tsiveriotis Kostas, Fernandes Chris. Valuing Convertible Bonds with Credit Risk, The Journal of Fixed Income; Sep 1998; 8, 2, 95-102.

7) Quantitative Strategies Research Notes Valuing Convertible Bonds as Derivatives, 1994년 11월.

구분	전환권 부채			
발행일	보통예금 전환권조정(*1)	100 60	전환사채(*1) 파생상품부채(*2)	100 60
결산일	이자비용(*3) 파생상품평가손실(*4)	12 20	전환권조정 파생상품부채	12 20

계산내역	
(*1)	발행가액 − 내재파생상품부채 평가액 = 100 −(30 + 30) = 40 = 100 − 60
(*2)	발행일 내재파생상품부채 평가액 = 30 + 30 = 60
(*3)	주계약 상각액 = (100 − 40)×(1 / 5) = 12
(*4)	결산일 & 발행일 내재파생상품부채 평가액 차액 = (35 + 45) −(30 + 30) = 20

5.2 Goldman Sachs모형[8)]

1994년 투자은행인 골드만삭스(Goldman Sachs)에서 Quantitative Strategies Research Notes를 통해 전환사채 평가 관련 내용 제시하였다. 기존 무위험이자율에서 신용위험을 반영한 모형으로 확장한 모형으로 전환사채 관련 초기 모형이지만 효율적인 모형으로 아직도 널리 활용되고 있다.

회계목적의 평가 실무에서는 복합상품 등을 평가하는데 사용되는 대표적인 모형 중 하나이며, 적용방법이 쉬워 복잡한 상품의 경우에도 쉽게 적용할 수 있는 장점이 있다.

5.2.1 모형의 기본가정

Goldman Sachs모형의 기본가정 사항은 다음과 같다.

1. 주가수익률은 변동성에 따라 로그정규분포(Lognormal Distribution)를 따른다.
2. 무위험이자율과 신용위험을 반영한 위험이자율을 측정할 수 있다.
3. 발행자의 신용위험에는 디폴트 리스크와 관련된 모든 정보가 포함되어 있다.

1번의 경우에는 일반적인 주식의 분포 가정을 말하고 있는 것이며, 2번의 경

8) Quantitative Strategies Research Notes Valuing Convertible Bonds as Derivatives, 1994년 11월.

우에는 실무적으로 무위험이자율은 국채이자율을 적용하고 위험이자율의 경우 발행자의 신용등급을 반영한 회사채이자율을 적용하고 있다. 3번의 경우에도 디폴트 리스크가 신용등급에 적정하게 반영되어 있다고 보고 있기 때문에 Goldman Sachs모형을 실무에 적용하는 것에는 별도의 제약이 없이 가능하다.

Goldman Sachs모형에 따르면 Goldman Sachs모형의 기본 가정으로 블랙숄즈(Black-Scholes)가 발전시킨 일반적인 옵션을 위한 평가방식이 적용이 된다. 기초자산의 공매를 통해 전환사채에 대한 헷지(hedge)가 가능하며, 알려진 주식 변동성으로 나온 모든 미래 주가 시나리오에 대한 예상 가치를 계산하여 채권의 가치를 평가할 수 있다.

5.2.2 모형 설명

Goldman Sachs모형은 One-Factor모형을 이용하고 있으며 주식가격은 확률과정을 통해서 산출되고, 이에 대응되는 이자율은 확정적으로 결정된다고 가정한다. Goldman Sachs모형과 이전의 이항모형의 중요한 차이는 Goldman Sachs모형에서는 신용 조정된 할인율을 적용한다는 점이다. 단일의 이자율만을 사용하는 이전의 이항모형에서 발전하여, 무위험이자율뿐만이 아니라 신용조정이자율(Credit−Adjusted Discount Rate)을 추가로 적용한다.

복합상품의 Pay-off는 3가지 경우로 구분된다. 전환되는 경우, 상환되는 경우, 이후에 전환하거나 상환하는 것이 유리해서 보유하는 경우로 구분되는데, Goldman Sachs모형은 3가지 경우에 따라서 다른 이자율을 적용해서 평가한다.

복합상품이 주식으로 전환될 때에는 무위험이자율(R_f)를 적용한다. 이는 무위험이자율로 헷지 포트폴리오(Hedge Portfolio)를 구성할 수 있기 때문이며, 전환권에 대한 중립적 가치평가는 주식을 발행한 회사의 신용위험과 독립적이다. 실무적으로 무위험이자율은 앞에서 설명한 것과 같이 국채이자율을 적용하여 평가한다.

복합상품이 전환되지 않고 채권으로 상환되는 경우 발행자의 신용가치에 대응하는 신용조정할인율(위험이자율, R_d)을 사용한다. 채권은 디폴트 위험이 있어 무위험이자율은 적정하지 않아, 신용조정이자율(위험이자율)을 적용한다. 신용조정이자율(위험이자율)은 앞에서 설명한 신용등급에 따른 회사채이자율을 의미한다.

채권으로 상환, 전환권의 행사 여부는 불확실한 시점(보유시점)의 경우 무위험이자율과 위험이자율을 전환확률로 가중평균하여 계산한다. 전환확률은 전환상품이 매 노드에서 전환이 될 확률을 의미한다. 전환확률은 각 노드별로 계산하며, 전환이 되면 100%, 상환이 되면 0%가 되며, 상환, 전환권의 행사 여부가 불확실한 시점(보유시점)의 경우에는 이전 노드의 전환확률을 위험중립확률로 가중평균해서 구한다.

보유시점의 할인율 = 무위험이자율 × 전환확률 + 위험이자율 × (1 − 전환확률)

보유 시 전환확률 = 이전 위 노드 전환확률 × 위험중립확률
+ 이전 아래 노드 전환확률 × (1 − 위험중립확률)

5.2.3 실습(GS_전환사채)

모형의 이해를 위한 실습으로 가정을 단순화해서 엑셀 파일(6. Goldman_Sachs 모델.xlsx)을 제공하였으며, 실습을 위한 전환사채의 계약 및 투입변수는 다음과 같다.

기초자산	100,000
무위험이자율	1.50%
변동성	25.50%
Delta t	1
만기	10년
행사가액	100,000
put/만기수익률	5.00%
u	1.2905
d	0.7749
p	0.4659
1−p	0.5341

모델의 실습은 기초자산 노드를 생성하고, 전환확률 노드, 이자율 노드, 마지막으로 Pay-off 노드 순으로 설명을 한다. 해당 순서로 이해를 하면 Goldman Sachs모형을 쉽게 이해할 수 있다.

1) 기초자산의 노드

산정된 평가기준일 기초자산에 상승, 하락 계수를 반영하여 이항 노드를 생성한다. 노드 간격은 통계적으로는 30개 이상일 경우 유의미한 금액을 산정할 수 있다고 보고 있으나 기간에 따라서 가능하면 100개 이상의 노드를 사용하는 것을 감사인이 요구하는 경우가 많기 때문에 적정한 노드 수로 평가하는 것이 중요하다.

노드 간격을 일간, 주간, 월간 등으로 반영할 수 있으며, 노드 개수만 충족한다면 가치 차이는 거의 발생하지 않으며, 조기상환권 행사일 등 특정 트리거 시점이 노드에 발생할 수 있게 노드 간격을 조정하는 것이 더 중요하다.

다만, 모형의 이해를 위한 실습이기 때문에 위의 내용은 무시하고 노드는 10개로 한정하여 알아보자. 기초자산 가격은 100,000원, 변동성 25.5%, 노드 간격은 1년으로 산정한 기초자산 노드는 아래와 같다.

0	1	2	3	4	5	6	7	8	9	10
100,000	129,046	166,529	214,899	277,319	357,870	461,818	595,958	769,061	992,444	1,280,710
	77,492	100,000	129,046	166,529	214,899	277,319	357,870	461,818	595,958	769,061
		60,050	77,492	100,000	129,046	166,529	214,899	277,319	357,870	461,818
			46,533	60,050	77,492	100,000	129,046	166,529	214,899	277,319
				36,059	46,533	60,050	77,492	100,000	129,046	166,529
					27,943	36,059	46,533	60,050	77,492	100,000
						21,654	27,943	36,059	46,533	60,050
							16,780	21,654	27,943	36,059
								13,003	16,780	21,654
									10,076	13,003
										7,808

2) 전환확률 노드

매 노드 기준으로 해당 노드가 전환이 되면(=Pay-off 노드와 기초자산 노드가 동일하면) 전환확률은 100%로 반영되고, 해당 노드가 채권상환이 되면(=Pay-off 노드와 보장수익률이 반영된 채권가치가 동일하면) 전환확률은 0%로 반영된다.

전환과 채권보유가 혼합되어 있는 경우(보유하는 경우)에는 위험 중립확률로 가중 평균하여 확률을 산정한다.

조기상환권 및 주계약의 보장수익률이 5%로 10년차의 보장금액은 162,899원이다. 위의 기초자산 노드에서 10년차 시점의 경우 전환가능한 시점이라는 전제하에 보장금액 162,899원을 기준으로 해당금액보다 높은 경우 전환이 되고 낮은 경우에는 상환해서 보장금액을 받을 것이다. 이에 전환되는 부분은 전환확률이 100%이고 채권으로 보유하는 부분은 전환확률이 0%로 반영된다.

10년 시점 노드 기준으로 위의 기초자산에서는 하늘색 부분이 전환되는 노드, 회색 부분이 상환되는 노드이며, 확률 노드에서도 대응되는 하늘색 부분이 전환되는 노드로 100%, 회색 부분이 상환 노드로 0%의 전환확률이 반영된다.

아래 노드에서 9년 시점의 경우에도 10년 시점과 동일하게 채권보장금액 155,133원을 기준으로 전환되면 100%로 하늘색 노드, 상환되면 회색 0% 노드가 만들어진다. 다만, 9년차의 경우에는 전환도 아니고 상환도 아니고 보유하는 경우 즉 미래에 행사하는 경우가 발생하는데 진한 하늘색 노드인 46.6%인 부분이다. 이 경우에는 기초자산 129,046원, 채권보장금액 155,133원에 대응되는 노드로 해당 Pay-off의 경우에는 159,113원으로 전환가치, 채권보장가치의 일방의 가치가 아닌 전환과 채권보유의 혼합된 가치로 산정한다. 동일하게 전환확률도 100%×위험중립확률+0%×(1−위험중립확률)=100%×0.4659+0%×(1−0.4659)=46.6%로 산정된다.

같은 방식으로 0시점까지 전환 확률을 산정하면 다음과 같다.

0	1	2	3	4	5	6	7	8	9	10
29.6%	41.7%	56.0%	71.4%	85.5%	95.7%	100.0%	100.0%	100.0%	100.0%	100.0%
	19.0%	29.2%	42.6%	59.0%	76.7%	91.9%	100.0%	100.0%	100.0%	100.0%
		10.1%	17.5%	28.2%	43.6%	63.5%	84.8%	100.0%	100.0%	100.0%
			3.8%	8.1%	14.8%	26.3%	44.9%	71.5%	100.0%	100.0%
				0.0%	2.2%	4.7%	10.1%	21.7%	46.6%	100.0%
					0.0%	0.0%	0.0%	0.0%	0.0%	0.0%
						0.0%	0.0%	0.0%	0.0%	0.0%
							0.0%	0.0%	0.0%	0.0%
								0.0%	0.0%	0.0%
									0.0%	0.0%
										0.0%

3) 이자율 노드

제공된 엑셀에서는 논의의 편의를 위해 무위험이자율의 경우 상수로 고정, 위험이자율은 bootstrapping으로 별도로 적용하지 않고 일정한 비율로 상승하는 것으로 가정하자. 실제로 평가를 할 경우에는 무위험이자율, 위험이자율 모두 이전에 설명한 내용을 반영해서 평가해야 한다.

전환확률 노드를 반영하여 전환확률이 100%일 때는 무위험이자율을 반영하고, 전환확률이 0%일 때는 위험이자율을 반영하여 이자율 노드를 산정한다. 엑셀의 예시를 보면, 10년차 노드에서 위의 100% 전환확률(하늘색 노드)은 무위험이자율인 1.5%, 전환확률이 0%(회색 노드)인 경우 위험이자율인 5.1%가 적용되었다. 9년차의 경우에도 100% 전환확률(하늘색 노드)은 무위험이자율, 전환확률이 0%(회색 노드)인 경우 위험이자율을 적용하였고, 전환도 상환도 아닌 보유 부분인 진한 하늘색의 경우 전환확률로 가중평균하여 3.4%의 할인율이 산정된다.

일반화하면 각 노드는 무위험이자율 × 전환확률 + 위험이자율 × (1 − 전환확률)로 산정한다.

0	1	2	3	4	5	6	7	8	9	10
0.4%	3.5%	3.0%	2.5%	2.0%	1.7%	1.5%	1.5%	1.5%	1.5%	1.5%
	4.3%	4.0%	3.5%	2.9%	2.3%	1.8%	1.5%	1.5%	1.5%	1.5%
		4.7%	4.4%	4.0%	3.5%	2.8%	2.0%	1.5%	1.5%	1.5%
			4.9%	4.7%	4.5%	4.1%	3.5%	2.5%	1.5%	1.5%
				5.0%	5.0%	4.9%	4.7%	4.3%	3.4%	1.5%
					5.0%	5.1%	5.1%	5.1%	5.1%	5.1%
						5.1%	5.1%	5.1%	5.1%	5.1%
							5.1%	5.1%	5.1%	5.1%
								5.1%	5.1%	5.1%
									5.1%	5.1%
										5.1%

4) Pay-off 노드

Pay-off의 경우 일반적인 이항모형과 동일하게 Pay-off 시점에 행사가능한 모든 현금흐름 중 가장 큰 값과 이전 노드를 위험중립확률과 이자율 노드로 할인한 값 중 큰 값으로 산정한다.

만기 시점인 10년 시점 노드에서 기초자산 노드가 상환가능한 금액인 162,899원을 기준으로 해당금액보다 높은 경우 전환이 되어 기초자산 노드와 동일한 금액이 반영이 되고, 낮은 경우에는 상환하여 162,899원을 받게 된다.

9년차부터는 전환, 상환 이외에도 이후 시점으로 판단을 유보하여 보유 의사결정을 하는 경우가 있다. 10년차 노드와 동일하게 기초자산 노드가 상환가능한 금액인 155,133원을 기준으로 해당금액보다 낮은 경우 상환하여 155,133원을 받게 되지만, 높은 경우는 기초자산과 10년 노드를 할인한 금액 중 큰 금액과 비교해서 큰 금액이 반영한다. 즉, Max(주식노드 주식가치(전환권가치), 채권 보장 수익(상환권가치), 이전노드의 할인가치(보유가치))로 산정한다. 이전노드의 할인가치는 각각의 노드에 해당하는 할인율과 위험중립확률을 반영하여 산정한다. 예시로 9년차 진한 하늘색 Pay-off의 경우에는 Max(129,046(전환권가치), 155,133(상환권가치), 159,113(보유가치))=159,113(보유가치)로 산정한다.

보유가치의 산식을 풀어서 설명하면, 윗노드×위험중립확률×EXP(−기간×윗노드할인율)+아랫노드×(1−위험중립확률)×EXP(−기간×아랫노드할인율)=166,529×0.4659×EXP(−1×1.5%)+162,889×(1−0.4659)×EXP(−1×5.1%)=159,113이다.

위의 과정을 통해서 산정된 Pay-off는 아래와 같다.

0	1	2	3	4	5	6	7	8	9	10
127,883	149,835	180,484	222,972	281,012	358,920	461,818	595,958	769,061	992,444	1,280,710
	118,300	133,019	153,551	182,520	223,317	280,123	357,870	461,818	595,958	769,061
		115,236	125,136	138,373	156,794	183,147	221,425	277,319	357,870	461,818
			116,881	124,115	132,870	144,019	159,073	180,763	214,899	277,319
				121,551	127,783	134,625	142,134	150,396	159,113	166,529
					127,628	134,010	140,710	147,746	155,133	162,889
						134,010	140,710	147,746	155,133	162,889
							140,710	147,746	155,133	162,889
								147,746	155,133	162,889
									155,133	162,889
										162,889

5.2.4 논의사항

Goldman Sachs모형은 현금흐름에 따른 위험을 고려하여 평가하였지만, 현금흐름을 완벽하게 구분하여 이자율을 적용할 수 없다는 단점이 있다. 위의 예시를 표시이자가 있는 전환사채로 보게 되면, 보유할 때 이자를 받고, 계약에 따라서는 보통주로 전환을 할 때도 이자를 받게 된다. Goldman Sachs모형의 가정에 따르면 이자는 위험이자율을 적용해야 하지만, 현금흐름을 완벽하게 구분하지 않기 때문에 보유 시 받는 이자는 가중평균이자율로 할인이 될 것이고, 전환 시 받는 이자율은 무위험이자율로 할인이 된다. 물론 완벽한 모형은 없기 때문에 Goldman Sachs모형으로 평가를 해도 적정한 공정가치로 보지만, 해당부분에 대해서 고민을 할 필요가 있다.

5.3 Tsiveriotis-Fernandes모형[9)]

코스타스 치베리오티스(Kostas Tsiveriotis)와 크리스 페르난데스(Chris Fernandes)는 1998년 학술지 "The Journal of Fixed Income"에 "Valuing Convertible Bonds with Credit Risk"라는 이름으로 현재 Tsiveriotis-Fernandes모형으로 불리는 모형을 처음 제시하였다.

기존에도 블랙숄즈모형의 응용모형이나 Goldman Sachs모형 등 전환사채를 평가하기 위한 다양한 모형들이 제시되었으나 기존 모형들은 전환사채의 신용위험에 대하여 할인율을 조정하는 방식으로 반영하고자 하였고, Tsiveriotis-Fernandes모형은 지분요소와 부채요소(COCB; Cash-Only part of the CB)를 나누어 부채요소에 대하여만 CB 발행회사의 신용조정이자율을 적용하는 방법론을 제시하였다.

본서에서는 헐(John C. Hull)이 Tsiveriotis-Fernandes모형을 이항모형으로 풀이한 Tsiveriotis-Fernandes & Hull모형을 기준으로 설명을 진행하고자 한다.

5.3.1 모형의 기본가정

TF모형은 블랙숄즈 방정식에서 그 논의가 시작되므로 기본적으로 블랙숄즈 방정식에서의 가정과 같이 주가수익률은 로그정규분포를 따름을 가정한다.

또한 전환사채는 원래 주가와 이자율을 기초자산으로 하는 파생상품이지만, "Valuing Convertible Bonds with Credit Risk"의 Tsiveriotis-Fernandes모형에서는 이자율의 변동이 평가결과에 미치는 영향이 작다고 보아 주가만을 기초자산으로 하는 One-Factor모형으로 평가를 수행한다.

5.3.2 모형 설명

Tsiveriotis-Fernandes모형은 CB를 평가하는 방법론에 대하여 설명한 모형이다. CB는 주식에 대한 전환권과 일반사채에 대한 권리가 혼합된 복합상품이기

---

9) Kostas Tsiveriotis & Chris Fernandes, Valuing Convertible Bonds with Credit Risk, The Journal of Fixed Income; Sep 1998; 8, 2, 95−102.

때문에 요소별로 상이한 채무불이행 위험(Default Risk)을 가지고 있다. 전환권에 대하여는 CB 발행사가 언제든지 주식을 발행하여 부여할 수 있으므로 채무불이행 위험이 없으며, 액면 및 이자에 대한 권리는 발행사가 적시에 현금을 보유하고 있어야 하므로 신용위험이 존재한다. Tsiveriotis-Fernandes모형은 요소별로 구분하여 채무불이행 위험에 맞게 할인율을 적용하고자 하는 모형이다.

주계약, 전환권 및 조기상환권만 존재하는 전환사채를 가정하였을 때 해당 전환사채의 투자자는 ① 전환권을 행사하여 사채를 주식으로 전환하거나(전환가치), ② 조기상환권을 행사하여 조기에 혹은 만기에 상환받거나(상환가치), ③ 전환권과 조기상환권을 모두 행사하지 않고 일단 전환사채를 보유하는(보유가치) 3가지 선택을 할 수 있을 것이다.

투자자는 매 시점 가장 합리적인 선택을 하므로 3가지 선택지 중 Pay-off가 가장 높은 선택을 할 것이며, ①의 선택을 하였을 때에는 채무불이행 위험이 존재하지 않으므로 무위험이자율로, ②의 선택을 하였을 때에는 채무불이행 위험이 존재하므로 위험이자율로, ③의 선택을 하였을 때에는 보유가치를 지분요소와 부채요소로 나누어 각각 무위험이자율과 위험이자율로 할인하는 방식으로 평가가 수행된다.

5.3.3 실습(TF_전환사채)

상기 설명한 내용에 대하여 엑셀 실습 파일(7. Tsiveriotis_Fernandes모형.xlsx)을 제공하였다.

실습을 위한 전환사채의 계약 및 투입변수는 다음과 같다.

기초자산	100,000
무위험이자율	1.50%
변동성	25.50%
Delta t	1
만기	10년

행사가액	100,000
put/만기수익률	5.00%
u	1.2905
d	0.7749
p	0.4659
1−p	0.5341

1) 기초자산의 노드

기초자산 노드는 GS모형에서 설명한 내용과 동일한 방식으로 산출할 수 있으며, 투입변수가 같음을 가정하였으므로 아래와 같이 동일한 주가트리가 산출된다.

0	1	2	3	4	5	6	7	8	9	10
100,000	129,046	166,529	214,899	277,319	357,870	461,818	595,958	769,061	992,444	1,280,710
	77,492	100,000	129,046	166,529	214,899	277,319	357,870	461,818	595,958	769,061
		60,050	77,492	100,000	129,046	166,529	214,899	277,319	357,870	461,818
			46,533	60,050	77,492	100,000	129,046	166,529	214,899	277,319
				36,059	46,533	60,050	77,492	100,000	129,046	166,529
					27,943	36,059	46,533	60,050	77,492	100,000
						21,654	27,943	36,059	46,533	60,050
							16,780	21,654	27,943	36,059
								13,003	16,780	21,654
									10,076	13,003
										7,808

2) 지분가치 노드

Tsiveriotis-Fernandes모형에서 Pay-off를 지분가치와 부채가치로 구분하여야 하므로 ① 전환가치, ② 상환가치, ③ 보유가치를 각각 지분가치와 부채가치로 나누어야 한다. ③ 보유가치는 다시 '지분 보유가치'와 '부채 보유가치'로 구분할 수 있다.

지분가치 노드에는 ① 전환가치 혹은 ③ 보유가치 중 '지분 보유가치'가 표시된다. 지분가치 노드는 위에서 설명한 바와 같이 채무불이행 위험이 없으므로 무위험이자율로 할인될 것이다. 각 노드에서 투자자는 최선의 선택을 하므로 지분가치 노드에 전환가치가 표시되기 위하여는 전환가치, 상환가치, 보유가치 중 전환가치가 가장 큰 경우이어야 할 것이며, 지분가치 노드에 지분 보유가치가 표시되기 위하여는 전환가치, 상환가치, 보유가치 중 보유가치가 가장 큰 경우이어야 할 것이다.

만기시점인 10년 시점 노드 기준으로 실습파일의 예를 살펴보면, 10년차 하늘색 노드는 주가가 put 행사가인 162,889원보다 큰 상위 5개 노드에 대하여 전환권이 행사될 것이며, 만기시점의 보유가치는 0이므로 상위 5개 노드에 대하여만 지분가치가 값을 가지게 된다.

만기시점보다 1시점 전인 9년 시점 노드 기준으로 진한 하늘색으로 표시한 셀 위로는 전환권을 행사하는 것이, 진한 하늘색으로 표시한 셀 아래로는 조기상환권을 행사하는 것이 가장 유리하여 각각 전환가치와 0의 값이 표시되었다. 진한 하늘색으로 표시한 셀의 경우 전환권 행사 Pay-off인 129,046원 혹은 조기상환권 행사 Pay-off인 155,133원보다 보유 Pay-off인 159,113원이 가장 크므로 옵션을 행사하지 않고 보유하는 것이 가장 유리한 선택이 되어 보유가치 중 지분 보유가치에 해당하는 76,432원이 표시되었음을 볼 수 있다.

0	1	2	3	4	5	6	7	8	9	10
61,244	92,539	135,581	192,568	264,942	353,838	461,818	595,958	769,061	992,444	1,280,710
	35,677	57,612	89,705	134,883	194,892	269,656	357,870	461,818	595,958	769,061
		17,553	31,246	52,833	86,351	135,188	200,335	277,319	357,870	461,818
			6,104	13,299	25,089	46,191	82,184	138,847	214,899	277,319
				–	3,392	7,390	16,101	35,080	76,432	166,529
					–	–	–	–	–	–
						–	–	–	–	–
							–	–	–	–
								–	–	–
									–	–
										–

3) 부채가치 노드

부채가치 노드에는 ② 상환가치 혹은 ③ 보유가치 중 부채 보유가치가 표시된다. 부채가치 노드는 채무불이행 위험이 존재하므로 위험이자율로 할인될 것이다. 각 노드에서 투자자는 최선의 선택을 하므로 부채가치 노드에 상환가치가 표시되기 위하여는 전환가치, 상환가치, 보유가치 중 상환가치가 가장 큰 경우이어야 할 것이며, 부채가치 노드에 부채 보유가치가 표시되기 위하여는 전환가치, 상환가치, 보유가치 중 보유가치가 가장 큰 경우이어야 할 것이다.

만기시점인 10년 시점 노드 기준으로 실습파일의 예를 살펴보면, 10년차 회색 노드는 주가가 조기상환권 행사가인 162,889원보다 작은 하위 6개 노드에 대하여 전환권이 행사되지 않을 것이며, 만기시점의 보유가치는 0이므로 하위 6개 노드에 대하여만 부채가치가 값을 가지게 된다.

만기시점보다 1시점 전인 9년 시점 노드 기준으로 진한 하늘색으로 표시한 셀 위로는 전환권을 행사하는 것이, 진한 하늘색으로 표시한 셀 아래로는 조기상환권을 행사하는 것이 가장 유리하여 각각 0과 상환가치의 값이 표시되었다. 진한 하늘색으로 표시한 셀의 경우 전환권 행사 Pay-off인 129,046원 혹은 조기상환권 행사 Pay-off인 155,133원보다 보유 Pay-off인 159,113원이 가장 크므로 옵션을 행사하지 않고 보유하는 것이 가장 유리한 선택이 되어 보유가치 중 부채 보유가치에 해당하는 82,681원이 표시되었음을 볼 수 있다.

0	1	2	3	4	5	6	7	8	9	10
69,604	60,512	47,942	32,760	17,404	5,494	–	–	–	–	–
	84,217	77,298	65,808	49,319	29,478	10,819	–	–	–	–
		98,354	94,773	86,548	71,400	48,614	21,309	–	–	–
			110,958	111,101	108,139	98,201	77,158	41,972	–	–
				121,551	124,437	127,297	126,101	115,365	82,681	–
					127,628	134,010	140,710	147,746	155,133	162,889
						134,010	140,710	147,746	155,133	162,889
							140,710	147,746	155,133	162,889
								147,746	155,133	162,889
									155,133	162,889
										162,889

4) 보유가치 노드

보유가치는 다음 기의 노드를 한 기간 할인하여 구할 수 있다. 일반적인 경우라면 하나의 할인율을 적용하여 보유가치가 산정되겠지만, Tsiveriotis-Fernandes 모형에서는 위에서 설명한 바와 같이 지분가치와 부채가치를 구분하여 지분가치는 무위험이자율로, 부채가치는 위험이자율로 할인하게 된다. 다음 기의 노드를 위험중립확률로 가중평균하여 할인한다는 점은 일반적인 이항모형과 동일하다.

① 지분 보유가치＝(지분가치 상승노드×위험중립확률＋지분가치 하락노드×(1－위험중립확률))×EXP(－기간×무위험이자율)

② 부채 보유가치＝(부채가치 상승노드×위험중립확률＋부채가치 하락노드×(1－위험중립확률))×EXP(－기간×위험이자율)

③ 보유가치＝①＋②

예를 들어 실습파일의 보유가치 노드 중 진한 하늘색으로 표시된 셀은 다음과 같이 산정되었다.

$$(166,529\times0.4659+0\times(1-0.4659))\times\exp(-1\times1.50\%)+(0\times0.4659+162,889\times(1-0.4659))\times\exp(-1\times5.09\%)=159,113$$

0	1	2	3	4	5	6	7	8	9	10
130,848	153,052	183,523	225,328	282,347	359,332	461,818	595,958	769,061	992,444	–
	119,894	134,910	155,513	184,201	224,371	280,476	357,870	461,818	595,958	–
		115,906	126,019	139,381	157,750	183,802	221,643	277,319	357,870	–
			117,062	124,400	133,228	144,392	159,341	180,819	214,899	–
				121,498	127,828	134,686	142,202	150,445	159,113	–
					127,410	133,767	140,442	147,449	154,806	–
						133,767	140,442	147,449	154,806	–
							140,442	147,449	154,806	–
								147,449	154,806	–
									154,806	–
										–

5) Pay-off 노드

지분가치와 부채가치를 구하였다면 최종 전환사채 가치트리는 지분가치와 부채가치를 합하여 구할 수 있다. 상기 예제에 대한 전환사채 가치트리는 다음과 같으며 전환사채의 최종 가치는 130,848원으로 산정되었다.

0	1	2	3	4	5	6	7	8	9	10
130,848	153,052	183,523	225,328	282,347	359,332	461,818	595,958	769,061	992,444	1,280,710
	119,894	134,910	155,513	184,201	224,371	280,476	357,870	461,818	595,958	769,061
		115,906	126,019	139,381	157,750	183,802	221,643	277,319	357,870	461,818
			117,062	124,400	133,228	144,392	159,341	180,819	214,899	277,319
				121,551	127,828	134,686	142,202	150,445	159,113	166,529
					127,628	134,010	140,710	147,746	155,133	162,889
						134,010	140,710	147,746	155,133	162,889
							140,710	147,746	155,133	162,889
								147,746	155,133	162,889
									155,133	162,889
										162,889

5.3.4 논의사항

동일한 투입변수를 사용하여 동일한 조건을 가진 전환사채를 Goldman Sachs 모형과 Tsiveriotis-Fernandes모형으로 평가해보았는데 약 2~3%의 차이가 발생하였다. 이와 같은 차이가 발생한 이유는 지분요소와 부채요소를 할인하는데 적용된 위험/무위험이자율 가중치가 다르기 때문이다. Goldman Sachs모형은 무위험이자율과 위험이자율을 전환확률로 가중평균하였고, Tsiveriotis-Fernandes모형은 무위험이자율과 위험이자율을 지분요소/부채요소 가치 비율로 가중평균하였다고 볼 수 있다.

이러한 차이에도 불구하고 그 차이가 크지 않으며 두 모델 모두 시장에서 많이 사용되고 있다.

금리옵션부채권 평가모형 06

6.1 채권 평가모형

일반적인 이표채권 평가를 위한 공식은 다음과 같다. 각 시점의 이자와 만기 시점의 원금을 현재가치화하여 채권의 가치를 구하게 된다.

$$PV = \frac{C}{1+Spot_1} + \frac{C}{(1+Spot_2)^2} + \cdots + \frac{C}{(1+Spot_n)^n} + \frac{F}{(1+Spot_n)^n}$$

F : 액면가 원금
C : 기간별 이자
r : 이자율
n : 만기

일반사채의 현금흐름은 일반적으로 이러한 이표채권의 형태를 가지고 있으며, 채권의 조건에 따라 기간별로 분기나 연단위로 이자를 지급하고 만기시점에 이자와 원금(또는 상환할증금을 더한 금액)을 지급하게 된다. 각 시점의 현물이자율로 무이표채권을 가정하여 각 시점에 지급받은 금액을 각각 할인하고 합하여 채권가격을 산출할 수 있다.

하지만 본 장에서 설명하려고 하는 옵션부채권은 일반사채에 상환권이 추가되어 있는 복합상품을 말한다. 이자율 변동에 따른 채권가격 변동에 따라서 상환권의 행사여부가 결정되므로 상환권의 가치를 구하기 위한 방법으로 이자율모형을 사용한다. 본 장에서는 금리옵션부채권을 평가하는 데 일반적으로 사용되는 Black-Derman-Toy모형에 대해 설명하고자 한다.

6.2 Black-Derman-Toy모형

6.2.1 모형의 설명

[이자율이항노드]

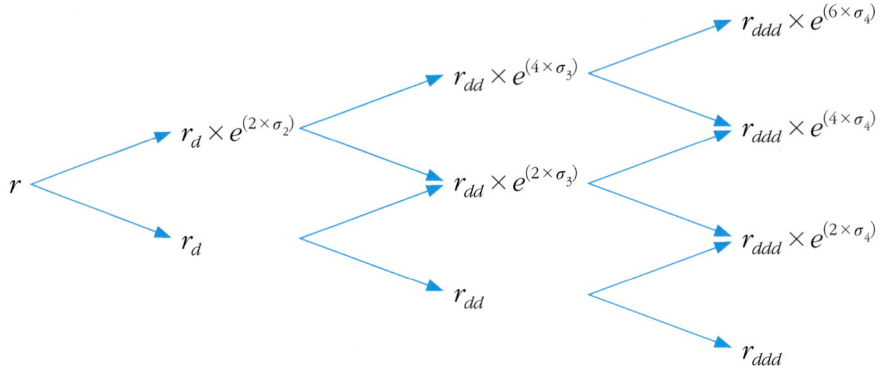

이자율 기간구조에 대한 무차익거래모형으로 Black-Derman-Toy모형(BDT)은 피셔 블랙(Fischer Black), 엠마누엘 더만(Emanuel Derman), 그리고 윌리엄 토이(William Toy)에 의해 1990년에 개발된 이자율 기반의 모델로 채권 옵션, 기타 금리 파생 상품의 가격 책정에 사용되는 One Factor 이자율 파생 모형이다. 단일 확률적 요인(단기 금리)이 모든 금리의 미래 변화를 결정한다. 즉 금리변동을 이항모형으로 추정하여 특정 채권에 부여된 옵션의 가치를 계산하는 모형이다.

Black-Derman-Toy모형은 다음과 같은 식을 따른다.

$$dlnr = \theta(t)dt + \sigma(t)dz$$

Black-Derman-Toy모형에 의하면 이자율이 로그 정규분포를 가정하여 이자율이 음의 값을 띠지 않게 된다. 이는 무차익거래모형인 Ho-Lee모형 및 Hull-White모형과 차이를 보이는 점이다.

Black-Derman-Toy모형은 이자율 변동성에 따라서 이항으로 이자율이 확장될 때 균형이자율을 산정한다. 이항 노드의 상승/하락 확률은 50%로 동일하며 위의 노드와 아래 노드는 $e^{(\sigma \times 2)}$의 관계식이 성립한다. Black-Derman-Toy모형의 특이한 점은 시장에서 관측된 이자율로 계산한 채권의 현재가치와 선도금리 이항트리로 계산한 채권의 현재가치가 일치하도록 매기간 단기선도이자율에 보정된 금리를 반영하는 절차가 필요하게 되며 이 과정을 엑셀로 구현시 목표값 찾기 기능이 활용된다.

Black-Derman-Toy모형을 적용해서 이자율 이항트리를 산출하는 경우 위의 두 가지 내용을 적용한다. BDT예제 파일상 가정한 선도이자율과 각 시점의 선도이자율로 할인한 채권의 균형가격이 아래와 같다고 가정해보자

기간	1	2	3	4	5
균형가격	9,615	9,157	8,638	8,072	7,473
선도이자율	4.0%	5.0%	6.0%	7.0%	8.0%
현물이자율	4.0%	4.5%	5.0%	5.5%	6.0%

최초 기간인 1시점의 경우 해당 시점의 선도이자율을 적용하고 이후 기간에 대해서는 이항노드로 산정된 선도이자율을 적용한다. 2시점 이자율 노드는 이자율 변동성과 노드 간의 관계를 통해서 산정되며, 균형채권가격이 산정되도록 조정(Calibration)된다.

기간	0	1	2
이자율변동		$_0R_1$(4.00%)	$B = A \times e^{(\sigma \times 2)}$
			A

$_0f_1$	$_1f_2$	pay off
$E = (C \times 50\% + D \times 50\%)/(1 + 4.00\%)$	$D = (10{,}000 \times 50\% + 10{,}000 \times 50\%)/(1 + B)$	10,000
E = 9,157(균형가격)	$C = (10{,}000 \times 50\% + 10{,}000 \times 50\%)/(1 + A)$	10,000
		10,000

앞서 설명한대로 이자율 A, B 사이에는 B=A×$e^{(\sigma \times 2)}$관계식이 성립한다. 해당 산식은 균형채권가격이 산정되도록 조정(Calibration)되어야 한다. 2시점에

10,000원의 현금흐름을 가지는 채권의 균형가격은 9,157원이고, Black-Derman-Toy의 이자율 노드를 반영한 Pay-off를 따라 할인한 균형가격 또한 9,157원이 되어야 한다. Black-Derman-Toy모형의 상승/하락 확률은 50%이며, 이를 반영하여 Pay-off를 따라 할인하면, D(산식), C(산식), E(산식)가 산정된다. 결국 E가 균형가격 9,157원이 되게 하는 이자율 A를 구해야 한다. 이를 위해서 엑셀의 목표값찾기 기능을 이용할 수 있다. 복잡해보이지만 2기간의 경우 A의 이자율만 구하면 이자율 B가 자동으로 구해지는 것으로 이를 확장하여 각 기간의 가장 아랫노드를 목표값찾기로 구하면 나머지 이자율 이항노드를 구할 수 있게 된다.

기간	0	1	2
이자율변동		4.00%	6.00%
			4.02%

위에서 산정된 A, B 이자율 4.02%, 6.00%는 1시점부터 2시점까지의 선도이자율이며, BDT모형으로 산정되는 이자율 노드는 각 기간의 선도이자율이다. 위의 내용을 확장하면 아래와 같으며 동일한 로직으로 전체기간에 대해서 이자율 노드를 산정할 수 있다.

기간	0	1	2	3	4	5
이자율변동		4.00%	6.00%	8.67%	12.22%	16.94%
			4.02%	5.81%	8.19%	11.35%
				3.89%	5.49%	7.61%
					3.68%	5.10%
						3.42%

Black-Derman-Toy모형으로 산정한 이자율노드가 제대로 산출되었는지 확인하기 위해서는 일반채권을 채권할인모형으로 할인한 금액과 Black-Derman-Toy모형으로 구한 이자율 노드를 이용하여 할인한 금액을 비교하여 동일한지 여부를 검토하여야 한다. 두 방법의 채권가격에 차이가 있으면, 이자율 노드에 오류

가 있는 것으로 수식이 수정되어야 하기 때문에 두 결괏값을 비교하는 것이 필수적인 절차라고 할 수 있다.

6.2.2 금리 변동성

금리 변동성은 모형의 이자율 분포 가정과 동일하게 로그 수익률로 산정한다. Black-Derman-Toy모형에서는 기간별 선도이자율을 산정하여 선도 금리의 만기별 변동성을 구하여야 하는데, 설명의 편의를 위해서 단일의 변동성을 적용하였다. 실무적으로는 먼저 시계열 금리 기간 구조를 구하기 위해 채권정보협회의 만기별 일별자료를 선형 보간법과 bootstrapping 방식으로 YTM에서 현물이자율을 구하고 다시 선도이자율을 구하고 이렇게 산정된 선도이자율로 변동성을 구한다.

6.2.3 실습(BDT_조기상환권부사채)

Black-Derman-Toy모형으로 산정된 이자율 노드를 각 기간의 현금흐름을 적용해서 옵션부채권의 가치를 산정할 수 있다. 조기상환권 혹은 수의상환권을 행사할 수 있는 시점에서는 행사 금액을 반영하면 일반채권과의 가치차이가 발생하며, 해당 가치가 옵션의 가치이다.

옵션 가치는 이자율 노드 상의 이자율과 보장수익률 간의 관계를 통해서 결정되는데 이자율이 하락하여 보장수익률보다 낮아지는 구간이 발생하는 경우 추가적인 옵션가치가 발생한다.

실습

실습예제 파일에서 조기상환권부사채를 가정하여 평가해보자.

예로 든 조기상환권부사채의 가정사항은 아래와 같다.

발행일	2022-12-31
만기일	2027-12-31
사채의 이율	표면금리 연 1%
액면이자율	1.00%
만기보장수익률	108%
변동성	20%
조기상환율	103%(2026-12-31)

해당 사채를 만기에 108%를 만기보장하는 일반사채로 보고 채권모형으로 평가하게 되면 아래와 같이 8,500원이 산출된다.

기간	0	1	2	3	4	5
액면이자(a)		100	100	100	100	100
원금(b)						10,800
원리금(a+b)		100	100	100	100	10,900
현가		96	92	86	81	8,145
현가합계	**8,500**					
현물이자율		4.00%	4.50%	5.00%	5.50%	6.00%

이는 Black-Derman-Toy모형으로 계산된 균형이자율로 산정한 일반사채의 가격과 동일한지 비교할 때 사용된다. 5시점의 Pay-off인 원리금의 합계 10,900원을 전 기간으로 할인한다. 예로 아래 표의 3시점의 맨위 노드의 경우, 8,704원은 (9,421×50%+9,889×50%)/(1+12.22%)+100의 산식을 통해서 산출된다. 나머지 노드들도 동일한 수식에 의해 산출이 되며, 균형이자율을 통한 일반사채의 가격은 8,500원으로 이는 채권모형으로 구한 채권가격 8,500원과 일치함을 볼 수

있다. 위에서 언급하였듯이 이 두 방법 간의 채권가격에 차이가 발생할 경우 이자율변동 노드에 오류가 있는 것으로 재검토를 하여야 한다.

기간	0	1	2	3	4	5
일반사채	8,500	8,427	8,429	8,704	9,421	10,900
		9,253	9,224	9,398	9,889	10,900
			9,818	9,912	10,229	10,900
				10,281	10,471	10,900
					10,640	10,900
						10,900

기간	0	1	2	3	4	5
이자율변동		4.00%	6.00%	8.67%	12.22%	16.94%
			4.02%	5.81%	8.19%	11.35%
				3.89%	5.49%	7.61%
					3.68%	5.10%
						3.42%

조기상환율					103%	
일자	**0**	**1**	**2**	**3**	**4**	**5**
조기상환금	–	–	–	–	10,400	–
		–	–	–	10,400	–
			–	–	10,400	–
				–	10,400	–
					10,400	–
						–

이제 조기상환권부사채는 조기상환시 지급받게 되는 기간별 조기상환금과 균형이자율로 할인된 채권가치와의 비교를 통해 높은 값을 선택하는 방식으로 산출된다. 4시점을 보게 되면 조기상환시 받게 되는 금액은 10,400원(이자 포함)으로 일반사채와 비교시 조기상환을 하여 10,400원을 받는 것이 이익인 상황이 발

생된다. 즉 이자율변동에 따라서 채권가격이 하락하여 조기상환을 하는 것이 유리한 상황이 발생하게 되는 것이다. 따라서 아래 옵션부채권에서는 4시점에 위에서 세 번째 노드까지 조기상환을 하게 되면 일반사채보다 유리한 상황이 발생되는 것을 볼 수 있다.

기간	0	1	2	3	4	5
옵션부채권	8,697	8,728	8,879	9,368	10,400	10,900
		9,362	9,412	9,713	10,400	10,900
			9,857	9,993	10,400	10,900
				10,281	10,471	10,900
					10,640	10,900
						10,900

위의 상황에 따라, 각 시점별로 조기상환시 금액과 채권할인금액을 비교하여 할인된 옵션부채권의 가격은 8,697원이 산출되었다.

결과적으로 옵션부채권은 8,697원이며, 일반사채는 8,500원으로 그 차이인 197원이 조기상환권옵션의 가치로 산출된다.

여기서 단순히 조기상환이 발생하는 4기간시점을 기준으로 조기상환금에 대한 채권모형방법으로 구한 방법과도 비교해보자.

채권모형으로 구한 풋옵션부사채의 현가는 8,669원으로 앞에서 BDT모형으로 구한 8,697과는 차이가 발생한다. 이는 이항노드에서 이자율변동성에 따라서 4기간에 조기상환하는 것보다 나은 Pay-off를 주는 경우의 수를 반영하였기 때문으로 볼 수 있다. 이로 인하여 BDT모형의 효용성을 보여주는 경우라고 할 수 있겠다.

기간	0	1	2	3	4
조기상환율					103%
상환금	–	100	100	100	10,400
현가		96	92	86	8,395
풋옵션부사채현가	8,669				
현물이자율		4.0%	4.5%	5.0%	5.5%

6.2.4 논의사항

원칙적인 Black-Derman-Toy모형의 이자율 변동성은 각 기간의 선도이자율의 변동성을 측정해서 기간별로 변동성을 적용해야 한다. 하지만 평가결과에는 큰 차이가 없어 전체 기간의 YTM 평균 변동성을 측정하여 적용하는 경우도 있다.

변동성 측정을 하는 이자율은 크게 국채이자율과 평가대상의 신용등급을 반영한 이자율로 나뉘는데, 국채이자율을 통해서 산정하는 이유는 신용스프레드 간의 차이에 따른 효과를 제거하기 위함이고, 해당 등급의 이자율을 적용해서 변동성을 산정하는 것은 채권의 신용등급에 따른 이자율 변동성을 직접 측정하기 위함이다. 두 가지 경우 모두 사용되고 있다.

07 평가 특수 논제

7.1 발행자 및 제3자 콜옵션

전환사채 발행시 발행사가 전환사채를 상환할 수 있는 콜옵션을 함께 발행하는 경우가 다수 존재한다. 이때, 동 콜옵션이 회계기준상 내재파생상품의 요건을 만족하는지 검토가 필요하다. 회계기준상 내재파생상품의 정의는 다음과 같다.

<K-IFRS 제1109호 금융상품>

4.3.1

내재파생상품은 파생상품이 아닌 주계약을 포함하는 복합상품의 구성요소로, 복합상품의 현금흐름 중 일부를 독립적인 파생상품의 경우와 비슷하게 변동시키는 효과를 가져온다. 내재파생상품은 내재파생상품이 포함되지 않았을 경우의 계약에 따른 현금흐름의 전부나 일부를 특정된 이자율, 금융상품가격, 일반상품가격, 환율, 가격 또는 비율의 지수, 신용등급이나 신용지수 또는 그 밖의 변수에 따라 변동시킨다. 이때 해당 변수가 비금융변수인 경우는 계약의 당사자에게 특정되지 않아야 한다. 특정 금융상품에 부가되어 있더라도, 계약상 해당 금융상품과는 독립적으로 양도할 수 있거나 해당 금융상품과는 다른 거래상대방이 있는 파생상품은 내재파생상품이 아니며, 별도의 금융상품이다.

출처: 한국회계기준원, http://kasb.or.kr

① 내재파생상품으로 분류되는 콜옵션(발행자 콜옵션)

내재파생상품의 경우 내재파생상품이 있을 때와 없을 때의 가치 차이로 내재파생상품의 가치 차이를 구하며 이러한 방법론을 일반적으로 유무가치비교법(With/Without 법)이라고 부른다.

내재파생상품으로 분류되는 콜옵션에 대하여는 전환권 및 조기상환권과 마찬가지로 전환사채 평가 시 함께 평가가 필요하다. 내재파생상품으로 분류되는 콜옵션에 적용하는 이자율에 대하여 시장에 이견이 존재하였지만 최근에는 콜옵션이 행사되었을 경우 해당 Pay-off에 위험이자율을 적용하여 할인하는 것으로 의견이 모이고 있다.

발행자 콜옵션은 투자자 전환권/조기상환권과 이해관계가 상반되는 권리이므로 각 권리간 우선순위를 고려하는 것이 매우 중요하다. 발행자 콜옵션이 투자자 전환권/조기상환권보다 우선하는 경우 투자자 전환권/조기상환권 Pay-off 및 보유가치가 발행자 콜옵션 행사가격보다 클 경우 발행자가 콜옵션을 행사함으로써 투자자의 권리 행사 및 보유 의사결정을 제한할 수 있다. 반대로 투자자 전환권/조기상환권이 발행자 콜옵션보다 우선하는 경우에는 발행자 콜옵션이 투자자의 보유 의사결정만 제한할 수 있다. 발행자 콜옵션을 의식해 투자자가 보유 의사결정을 하지 못하고 전환권을 행사하게 되는 효과를 강제 전환 효과(Forced Conversion)라 부른다. 발행자 콜옵션 평가 시 콜옵션 행사를 보장하기 위한 의무보유 조항이 있다면 의무보유 조항도 평가에 고려가 필요하다.

② 별도의 금융상품으로 분류되는 콜옵션(제3자 콜옵션/제3자 지정 가능 콜옵션 등)

금융상품 발행회사가 콜옵션을 발행할 때 '발행회사 혹은 발행회사가 지정하는 자'가 금융상품을 매수할 수 있는 권리(금융상품을 매도할 것을 청구할 수 있는 권리)의 형태로 발행하는 경우가 많다. 이 경우 발행회사가 발행회사가 지정하는 자에게 해당 콜옵션을 양도할 수 있는 것으로 보아 내재파생상품의 정의를 만족하지 못하게 되고 따라서 내재파생상품이 아닌 별도의 금융상품으로 회계처리가 수행된다.[10)]

별도의 금융상품으로 분류되는 콜옵션의 경우 시장에서 일반적으로 복합옵션(Compound Option) 방식으로 평가가 이루어지고 있다. 복합옵션 방식은 옵션을 기초자산으로 하는 옵션(복합옵션)을 평가하는 것으로 예를 들면 전환사채를 기초자산으로 하는 콜옵션을 평가하는 방식이다. 이는 일반적인 콜옵션 혹은 주식매수선택권의 평가방법과 그 방법이 유사하며, 기초자산이 주식이 아닌 전환사채 등의 복합상품이라는 차이점이 존재한다. 제3자 콜옵션의 행사를 보장하기 위한 의무보유조항은 콜옵션 행사 후 의무보유조항이 사라지는 것으로 해석되는 계약이 많기 때문에 대부분의 경우 제3자 콜옵션의 기초자산인 전환사채 등을 평가할 때에는 의무보유조항을 고려하지 않음에 유의해야 한다.

복합상품을 기초자산으로 하면 내재파생상품인 콜옵션을 평가할 때와 마찬가지로 어떤 할인율을 적용하여야 하는지에 대한 이슈가 존재하며, 시장에는 크게 2가지 관점이 존재하고 있다. 첫 번째 관점(제3자 가상 지정 관점)은 기초자산과 행사가격에 무위험이자율과 위험이자율의 혼합할인율을 적용하여야 한다는 것

10) 「전환사채 콜옵션 회계처리」에 대한 감독지침, 금융위원회, 2022.5.4.

이고, 두 번째 관점(제3자 이연 지정 관점)은 기초자산에는 무위험이자율과 위험이자율의 혼합할인율을 적용하되 행사가격에는 위험이자율을 적용하여야 한다는 것이다. 동 관점의 차이는 콜옵션 행사자를 제3자로 볼 것인지 기초자산 발행자로 볼 것인지에 따른 견해의 차이에서 기인한다. 행사자가 발행자이면 행사가격에 발행자의 신용위험을 고려한 위험이자율을 적용하고, 행사자가 제3자이면 무위험이자율과 위험이자율의 혼합할인율을 적용하는데 제3자 지정 가능 콜옵션의 경우 행사자가 확정되지 않아 관점의 차이가 존재하는 것이다.

제3자 가상 지정 관점을 적용하기 위해 무위험이자율과 위험이자율의 혼합할인율을 적용하는 방법에도 크게 두 가지 의견이 존재한다. 첫 번째 의견은 GS 모형과 TF 모형 모두에 대해서 GS모형의 전환확률 개념을 적용하여 전환확률로 산출된 가중평균이자율을 적용해야 한다는 것이고, 두 번째 의견은 TF 모형의 경우에는 전환확률이 아니라 Pay-off 위험을 적정하게 반영하는 지분요소/부채요소의 가치 기준으로 가중평균하여야 한다는 것이다.

이러한 관점들에 대하여는 통일된 관점이 없으므로, 평가 전 충분한 논의와 일관성 있는 평가정책 적용이 더욱 중요할 것이다.

<table>
<tr><th colspan="2">구분</th><th colspan="2">내재파생상품</th><th colspan="3">별도의 금융상품</th></tr>
<tr><td colspan="2">콜옵션 종류</td><td colspan="2">발행자 콜옵션</td><td>제3자 콜옵션</td><td colspan="2">제3자 지정 가능 콜옵션</td></tr>
<tr><td colspan="2">평가방법론</td><td colspan="2">유무가치비교법
(With/Without 법)</td><td colspan="3">복합옵션(Compound Option)
평가법</td></tr>
<tr><td rowspan="2">할인율</td><td>기초자산</td><td colspan="2">n/a</td><td colspan="3">혼합할인율</td></tr>
<tr><td>행사가격</td><td>무위험이자율</td><td>위험이자율</td><td>혼합할인율</td><td>혼합할인율</td><td>위험이자율</td></tr>
</table>

7.2 리픽싱 조건

평가시 고려하여야 할 리픽싱 조항 중 대표적으로 시가조정 리픽싱 조항과 IPO 리픽싱 조항이 존재한다.

시가조정 리픽싱 조항의 경우 과거에는 하향조정 리픽싱만 존재하였는데, 감독기관 규제로 인해 최근 발행되는 전환사채, RCPS 및 CPS의 경우 하향조정 리픽싱이 존재하면 상향조정 리픽싱이 필수적으로 포함되게 되었다. 이러한 시가조정 리픽싱은 과거 주가와 전환가격을 비교하여 전환가격보다 과거 주가가 낮거나 높으면 전환가격을 그에 맞게 하향/상향조정하는 것인데, 시가조정 리픽싱 중 하향조정 리픽싱만 존재하는 경우 경로의존성이 가장 크게 발생한다.

이항모형에서는 과거에 지나온 경로가 한 노드에 겹쳐서 표현되므로 과거 주가에 따른 리픽싱을 평가에 정확하게 반영하기 어려운 한계가 존재한다. 따라서 일반적으로 전환가격 조정일이 아닐 때에는 위험중립확률로 전환가격을 가중평균하고, 전환가격 조정일에는 전환가격 조정일의 주가와 가중평균된 직전 전환가격을 비교하여 리픽싱을 평가에 반영하는 등의 방법으로 리픽싱을 평가에 반영하고 있다. 이항모형 외에 경로의존성을 반영할 수 있는 모델에는 LSMC(Least Square Monte Carlo Simulation)이나 FSGM(Forward Shooting Grid Method) 등이 있지만, 모델의 복잡성 등으로 인해 해당 모델로 평가되는 경우는 많지 않다.

IPO 리픽싱을 평가에 반영하는 경우에는 IPO 예정일을 추정하고 IPO 예정일의 각 노드의 주가와 전환가격을 비교하여 리픽싱을 평가에 반영하는 방식으로 평가를 수행할 수 있을 것이다. 예를 들어 IPO 성공시 공모가의 70%와 전환가격을 비교하여 공모가의 70%가 전환가격보다 낮은 경우 전환가격을 공모가의 70% 수준으로 조정하는 것으로 가정하자. IPO 예정일의 각 노드의 주가가 전환가격의 100/70 이상인 경우 리픽싱이 발생하지 않게 되며(리픽싱 불가 구간), 각 노드의 주가가 너무 낮은 경우에는 IPO 성공이 되지 않을 가능성이 높기 때문에 IPO 리픽싱을 고려하지 않는 것이 더 적절할 수 있음(IPO 하한)을 고려하여 IPO 리픽싱이 발생하는 구간에 대하여 IPO 리픽싱을 반영하는 것이 필요할 수 있다.

7.3 회제이-00094[11)]

회제이-00094 질의답변을 통해 금감원에서 신주인수권대가 회계처리와 관련하여 주가가 일정금액 이하로 하락하는 경우 행사가격을 낮추고 행사수량을 늘리는 리픽싱이 존재하는 신주인수권이 자본요건을 만족한다고 답변하였다. 그 근거는 행사가격 인하조건대가의 경우 외부로 환급될 수 없기 때문에 부채요소로 보기 어려우므로 자본으로 분류하는 것이 실질에 더 부합한다는 것이었다. 전환권이 부채로 분류될 경우 부채비율이 증가하는 것이 부담스러워 해당 질의답변 내용을 토대로 리픽싱이 존재하는 전환권 및 신주인수권 등에 대하여도 자본으로 회계처리한 사례가 많이 있었다.

K-IFRS 기준에 따르면 전환권이 자본의 정의를 만족하기 위해 Fixed-for-Fixed(고정금액, 고정수량) 조건을 만족하여야 한다. 리픽싱 조항 중 희석화방지조항은 자본의 정의를 만족하는 것으로 해석되는데 전환금융상품 발행 후 무상증자/주식분할/주식병합/주식배당 등으로 인해 전환가격을 조정하는 조항이 그 예시이다.

<K-IFRS 제1032호 금융상품: 표시>

16

금융상품의 발행자가 문단 11의 정의를 적용하여 해당 금융상품이 금융부채가 아니라 지분상품인지를 판단하는 경우에는 다음 조건((1), (2))을 모두 충족하는 금융상품만이 지분상품이다.

(1) 다음의 계약상 의무를 포함하지 않는다.

(가) 거래상대방에게 현금 등 금융자산을 인도하기로 하는 계약상 의무

(나) 발행자에게 잠재적으로 불리한 조건으로 거래상대방과 금융자산이나 금융부채를 교환하는 계약상 의무

---

11) K-IFRS 적용법인의 신주인수권대가 회계처리에 대한 질의 및 답변 내용

(2) 자기지분상품으로 결제하거나 결제할 수 있는 계약으로서, 다음 중 어느 하나에 해당한다.

(가) 변동 가능한 수량의 자기지분상품을 인도할 계약상 의무가 없는 비파생상품

(나) 확정 수량의 자기지분상품에 대하여 확정 금액의 현금 등 금융자산을 교환해야만 결제할 파생상품. 이러한 목적상 같은 종류의 비파생 자기지분상품을 보유하고 있는 기존 소유주 모두에게 기업이 주식인수권, 옵션, 주식매입권을 지분비율에 비례하여 부여한다면, 어떤 통화로든 확정금액으로 확정수량의 자기지분상품을 취득하는 주식인수권, 옵션, 주식매입권은 지분상품이다. 또 이러한 목적상 자기지분상품에는 다음의 금융상품은 포함되지 않는다.

① 문단 16A·16B나 문단 16C·16D에서 기술한 모든 특성을 갖추고 그 문단에서 기술한 조건을 충족하는 금융상품

② 자기지분상품을 미래에 수취하거나 인도하기 위한 계약인 금융상품

계약상 의무(파생금융상품에서 생기는 계약상 의무를 포함한다)에 따라 자기지분상품을 미래에 수취하거나 인도하는 결과가 발생하더라도, 위 (1)과 (2)의 조건을 충족하지 않는 계약상 의무는 지분상품이 아니다. 예외적으로, 금융부채의 정의를 충족하는 금융상품이 문단 16A·16B나 문단 16C·16D에서 기술한 모든 특성을 갖추고 그 문단에서 기술한 조건을 충족한다면, 그 금융상품을 지분상품으로 분류한다.

출처: 한국회계기준원, http://kasb.or.kr

반면 시가조정 리픽싱 조항이 있는 복합상품은 부채로 인식되는 것이 일반적이지만, 회제이-00094에서 시가조정 리픽싱이 있는 경우에도 신주인수권을 자본으로 인식할 수 있는 경우가 있는 것으로 답변함에 따라 회제이-00094를 근거로 제한적으로 리픽싱 조항이 있는 복합상품의 전환권/신주인수권을 자본으로 분류하는 것을 허용하는 경우가 있다. 하지만 이러한 회계처리 적용을 고려할 시 회제이-00094와 상황이 동일한 경우에만 제한적으로 수용되므로 전환권 등을 자본으로 분류할 때에는 유의해야 한다.

7.4 Day1 P/L

회계기준상 공정가치의 최선의 추정치는 거래가격이다. 따라서 발행일 회계처리시 일반적으로 발행가를 공정가치의 최선의 추정치로 보아 회계처리가 이루어진다. 하지만 발행가가 공정가치가 아닐 경우, 즉 공정가치가 거래가격과 다르다고 결정한 경우 Day1 P/L을 인식하여야 한다. Day 1 P/L과 관련된 회계기준상 내용은 다음과 같다.

<K-IFRS 제1109호 금융상품>

B5.1.1

최초 인식시점에 금융상품의 공정가치는 일반적으로 거래가격[제공하거나 수취한 대가의 공정가치(문단 B5.1.2A와 기업회계기준서 제1113호 참조)]이다. 그러나 제공하거나 수취한 대가 중 일부가 금융상품이 아닌 다른 것의 대가라면, 금융상품의 공정가치를 측정한다. 예를 들면 이자를 지급하지 아니하는 장기대여금이나 장기수취채권의 공정가치는 비슷한 신용등급을 가진 비슷한 금융상품(통화, 기간, 이자율유형, 그 밖의 요소에 관하여 비슷함)의 시장이자율로 할인한 미래 모든 현금수취액의 현재가치로 측정할 수 있다. 추가로 지급한 금액이 어떤 형태로든 자산의 인식기준을 충족하지 못하면, 해당 금액은 비용으로 인식하거나 수익에서 차감한다.

B5.1.2A

최초 인식시점에 금융상품 공정가치의 최선의 증거는 일반적으로 거래가격(제공하거나 수취한 대가의 공정가치, 기업회계기준서 제1113호 참조)이다. 최초 인식시점에 문단 5.1.1A에 언급된 바와 같이 공정가치가 거래가격과 다르다고 결정한다면, 금융상품을 그 날짜에 다음과 같이 회계처리한다.

(1) 그러한 공정가치가 같은 자산이나 부채에 대한 활성시장의 공시가격(수준 1 투입변수)에 따라 입증되거나 관측 가능한 시장의 자료만을 사용하는 평가기법에 기초한다면, 문단 5.1.1에 따라 회계처리한다. 최초 인식시점에 공정가치와 거래가격 간의 차이는 손익으로 인식한다.

(2) 그 밖의 모든 경우에는 최초 인식시점의 공정가치와 거래가격 간의 차이를 이연하기 위해 문단 5.1.1에서 요구하는 측정치에서 그러한 차이를 조정하여 회계처리한다. 최

> 초 인식 후에는 시장참여자가 자산이나 부채의 가격을 결정하는 데에 고려하는 요소(시간 포함)의 변동에서 생기는 정도까지만 이연된 차이를 손익으로 인식한다.
>
> 출처: 한국회계기준원, http://kasb.or.kr

동 회계처리를 실제 적용함에 있어서 다양한 의견이 존재한다. 과거 한국회계기준원에서 Day1 P/L 관련 질의답변을 한 사례가 있다. 하지만 동 사례는 파생상품부채의 가치가 전환사채의 발행가보다 크게 평가되어 상각후원가 금액이 음수가 되는 경우에 대하여 답변을 한 내용이어서 상각후원가 금액이 음수가 되지 않는 경우(발행가보다 파생상품부채 금액이 작은 경우)에 대하여 어떻게 회계처리하는 것이 좋은지에 대하여 여전히 다양한 해석이 존재한다.

우선, Day1 P/L을 인식하기에 앞서 금융상품이 공정가치에 발행되지 않은 이유가 비금융요소에 의한 것인지에 대한 검토가 필요하다. 만약 이러한 차이가 비금융요소에 의한 것이라면 비금융요소의 자산성을 검토하여 자산의 인식기준을 충족하지 않으면 비용으로 인식하는 등의 회계처리가 필요하다. 반대로 해당 비금융요소가 자산의 인식기준을 충족한다면 적절한 자산으로 인식이 필요할 것이다.

만약 공정가치가 거래가격과 다른 이유가 비금융요소에 의한 것이 아니라면 해당 차이를 공정가치 측정기법에 따라 수준1 혹은 수준2 투입변수로 측정된다면 당기손익으로, 수준3 투입변수로 측정된다면 이연손익으로 회계처리를 하여야 한다.

이연손익으로 Day1 P/L을 인식하는 방법에도 마찬가지로 다양한 관점이 존재한다. 첫 번째는 Day1 P/L을 주계약의 최초 장부금액에서 인식하는 방법, 두 번째는 Day1 P/L을 내재파생상품의 최초 장부금액에서 인식하는 방법, 세 번째는 Day1 P/L을 별도의 계정으로 구별하는 방법 등이다.

설명한 바와 같이 Day1 P/L 회계처리는 검토해야 할 사항이 매우 많다. 우선 공정가치와 거래가격이 다른지 여부에 대한 검토가 필요하다. 공정가치(평가가액)와 거래가격이 다른 것은 일반적인 경우가 아니다. 다만 상장사의 경우에는 발행가액 확정 후 주가의 변동에 따라 발행일 공정가치(평가가액)와 발행가격이 다른 경우가 발생할 수 있기에 공정가치와 거래가격이 다르다고 결정하기 위해서는 신중한 검토가 필요할 것이다.

두 번째로 공정가치와 거래가격이 다르다고 결정하였다면 해당 차이가 비금융요소에 의한 것인지 금융요소에 의한 것인지에 대한 검토가 필요하며, 해당 차이가 비금융요소라면 자산성이 있는지 여부에 대하여, 해당 차이가 금융요소에 의한 것이라면 상기 회계처리 중 어떠한 방식을 적용할지에 대하여 검토가 필요할 것이다.

7.5 IPO 확률

"회사의 IPO 공모단가의 70%에 해당하는 금액이 본건 우선주식의 전환가격을 하회하는 경우는 전환비율을 다음과 같이 조정한다.", "6년내 IPO 실패 혹은 주식 전부가 제3자에게 매각되지 못하면, 투자자는 투자자 보유주식 전부와 대주주 보유주식을 함께 동반매각 가능하며, 투자자의 투자금액의 IRR 3.5%까지 우선적으로 투자자에게 보전한다."와 같이 복합상품 및 주주간 계약에 IPO 조건으로 조건이 발동되는 경우가 있다. 해당 IPO 조건을 평가에 어떤 식으로 반영할지에 대한 논의가 필요하다.

계약 조건은 다양하며, 단순히 하나의 문단으로 판단할 수 없어 IPO 조건을 반영하는 일반적인 수준으로 알아보자. IPO의 시점의 경우에는 회사의 의지로 진행되기 때문에 사업계획 등을 이용하여 단일의 시점으로 가정하는 것이 일반적이다.

1안의 경우 복합상품의 경우 많이 사용하는 것으로 기초자산의 수준으로 IPO의 가능성을 판단하는 방식이다. 평가기준일 기초자산 가치 및 회사의 상황을 보았을 때 IPO 확률은 100%, 0%로 적용하며, 전문가의 판단에 전적으로 의존하는 방식이다. 이 경우 적용한 확률에 대한 구체적인 근거가 필요할 수 있다.

2안의 경우는 주주간계약 등에서 사용하는 방식으로 IPO 관련 정보를 얻을 수 있는 KIND(https://kind.krx.co.kr/)에서 IPO 성공확률을 통계적으로 산출하여, 평가에 반영하는 방식이다. KIND 홈페이지에서 IPO 현황 → 예비심사기업 탭에서 IPO 관련 정보를 얻을 수 있다. 해당 과거 정보를 통해서 IPO 성공확률을 반영하는 방식이다. 다만, IPO를 심사청구하는 경우 IPO 가능성이 높다고 보여지는 회사가 신청하는 사례가 많아, 생존자 편향(Survivorship bias)이 발생할 수 있음을 고려해야 한다.

3안의 경우 주주간계약 등에서 Q-IPO 조건이 있을 때 IPO 시점의 노드에서 Q-IPO에 따른 IRR 조건을 비교해서 달성여부를 판단하는 방식이다. 각각의 노드별로 IRR 조건을 비교해서 달성이 되는 노드에서만 Q-IPO 조건에 따른 계약사항이 발동하는 식으로 반영한다. 3안의 경우에는 IRR 조건만 달성하면, IPO는 항상 되는 것으로 가정한다.

4안의 경우 2안과 3안을 함께 적용하는 방식으로, 가장 보수적으로 IPO 확률을 산정하는 방식이다. 4안은 Q-IPO를 형식적인 요건과 IRR 조건으로 구분해서 평가한다. 2안과 같이 형식적인 요건을 달성하고 3안과 같이 실제로 IRR이 모두 충족해야 달성이 된다. 실질적으로 주주간계약 등에서 소수지분인 FI는 기업가치가 IRR을 초과하는 수준으로 기업가치가 올라가더라도 소수지분만으로는 단독 매각이 어렵기 때문에 IPO가 실패하였을 때는 동반매각권 등을 사용하여 IRR 수준으로 EXIT를 할 것이다. 이러한 이유로 단순히 IRR 조건만으로 평가하지 않고 2안과 같은 형식적인 요건을 같이 반영하는 방식이다.

IPO 관련 평가는 정형화되어 있는 것이 아니기 때문에 이외에도 다양한 적용방식이 있다. 따라서 어떤 방식을 적용할지는 전문가적 판단이 필요하다.

7.6 신주인수권부사채(분리형/비분리형, 대용납입 여부)

신주인수권부사채는 신주인수권이 분리형인지 비분리형인지, 행사가액을 대용납입할 수 있는지 없는지에 따라 회계처리 및 평가방법이 달라지므로 주의가 필요하다.

분리형 신주인수권부사채의 신주인수권의 경우 별도로 양도 가능하므로 내재파생상품의 정의를 만족하지 못하여 별도의 금융상품으로 보아 평가 및 회계처리 수행이 필요하다. 신주인수권이 분리형인 경우 대용납입 여부는 회계처리 및 평가에 영향을 미치지 않는다.

비분리형 신주인수권부사채의 경우 신주인수권은 내재파생상품의 정의를 만족하지만, 대용납입 가능 여부에 따라 평가방법에 차이가 존재한다. 대용납입이 가능하지 않은 경우 분리형 신주인수권과 마찬가지로 신주인수권을 사채와 별도로 평가하여야 한다. 대용납입이 가능한 경우에는 그 실질이 전환사채와 동일하므로 전환사채의 전환권을 평가하는 방법과 동일한 방법론으로 평가를 수행하면 될 것이다.

7.7 수익조건

주주간계약 등이 매출과 같은 수익조건과 연계되어 행사가격 등이 결정되는 옵션의 경우 이항모형으로 평가가 어렵다. 해당 경우는 몬테카를로 시뮬레이션(Monte Carlo Simulation)을 통해서 평가를 진행하는 것이 적정하다. 다만, 일반적인 몬테카를로 시뮬레이션(Monte Carlo Simulation)이 아니라 주가와 수익조건 등을 함께 상관관계를 고려하여, 난수를 생성하여 평가를 진행해야 한다. 조건별로 상관관계가 있는 난수를 생성하기 위해서는 정규화 난수 배열에 Cholesky Matrix를 반영해서 상관관계가 존재하는 난수로 전환하여 산정한다.

7.8 주주간계약_Water fall 조건 등

주주간계약은 현금흐름을 구분하고 현금흐름에 대응되는 이자율을 적용하여 평가한다. 신용위험이자율이 적용되는 현금흐름과 무위험 이자율이 적용되는 현금흐름의 구분이 중요하다. 신용위험이 적용되는 현금흐름에는 신용등급을 따른 위험이자율을 반영하고, 무위험이 적용되는 현금흐름에는 무위험이자율을 반영하여 평가한다. 현금흐름의 성격을 구분하기 위해서는 주주간계약에 대한 해석이 중요하다.

가상의 주주간계약으로 논의를 해보자.

A PE의 공동매도권 (Tag-along Right)	대주주가 보유주식을 제3자에게 매각 시, A PE는 보유주식 일부 또는 전부를 대주주 매각주식과 비례하여 공동 매각(Tag-along)할 권리 보유 단, 대주주가 신설법인의 경영권 지분을 매각하는 경우, A PE 보유주식 전부가 우선 매각되도록 하여야 함(대주주 처분 조건과 동일 혹은 유리한 조건으로만 주식 처분 가능)
A PE의 동반매각권 (Co-sale Right)	CPS 취득일로부터 3년이 되는 날까지 ① IPO가 완료되지 못하고 ② 대주주와 A PE의 보유주식 전부가 제3자에게 매각되지 못한 경우, A PE는 A PE 보유주식 전부와 대주주 보유주식을 함께 동반매각 가능 동반매각권(Co-sale Right) 행사 시 배분에 관한 사항: 매각 부대비용 제외한 금액을 다음 순서로 배분 (i) A PE 투자원금 및 IRR 3.5%를 달성하는 금액까지 우선 배분 (ii) 대주주 매각주식수×(위 (i)의 금액을 A PE 매각주식수로 나눈 금액) 금액을 대주주에 배분 (iii) 이후 잔여금액은 대주주 및 A PE 매각주식수 비례하여 배분 ※ 위 순서로 배분하되, A PE는 과다 배분된 금액을 대주주에게 지급하는 방법으로 정산해야 함 대주주는 A PE의 동반매각권(Co-sale Right) 행사 시 A PE 보유주식에 대한 콜옵션 보유 대주주의 콜옵션 행사에 따른 A PE 보유주식 매각대금은 ① A PE 투자원금 및 IRR 3.5%를 달성하는 금액 또는 ② A PE의 동반매각권(Co-sale Right) 행사와 관련하여 제3자가 제시한 1주당 매각대금 중 더 높은 금액
풋옵션 (Put Option)	하기 풋옵션 청구 사유가 발생되고, 10 영업일 이내 치유되지 않은 경우 A PE는 대주주를 상대로 A PE 보유주식 일부 또는 전부에 대하여 투자원금에 IRR 15%를 가산한 금액으로 매수청구권(Put Option) 행사 가능 풋옵션 사유: • 신설법인이 상장 요건을 충족함에도 불구하고 대주주 또는 신설법인이 고의적으로 A PE의 상장요청권 행사를 거절하는 경우 • A PE가 상장절차의 중단을 요청하거나 상장요청권 행사를 철회하였음에도 대주주가 신설법인을 고의적으로 상장 추진하는 경우 • 대주주 또는 신설법인이 A PE의 동반매각권(Co-sale Right) 행사 요건이 충족되었음에도 불구하고 대주주가 고의적으로 A PE의 동반매각권(Co-sale Right) 행사에 거부하거나 저항하는 경우 • 대주주가 고의적으로 본 계약상 지분매각 제한 규정을 위반하거나 A PE의 공동매도권(Tag-along Right) 행사 기회를 제공하지 않고 보유주식의 전부 또는 일부를 제3자에게 매각하는 경우

위의 계약에서 회계적으로 평가 대상 구분이 필요하다. 경제적 의미에서 가치가 있는 것과 회계적 측면에서 권리를 가지거나 의무가 있는 것은 다르기 때문이다.

A PE의 공동매도권의 경우 대주주가 보유주식을 매각 시 A PE는 보유주식 일부 또는 전부를 대주주 매각 주식과 비례하여 공동 매각할 수 있는 권리이다. 해당 권리는 대주주가 보유 주식을 매각할 때 동일한 가액으로 참여할 수 있는 것으로 대주주가 추가적인 의무를 부담하거나 PE가 추가적인 금액을 받을 수 있는 권리 등이 없어 인식하지 않는다.

A PE의 동반매각권의 경우 특정 조건이 만족하는 경우 A PE는 A PE 보유주식 전부와 대주주 보유주식을 함께 동반매각 가능한 것으로 매각 시 Water fall 계약에 따라 매각 대금을 분배한다. 매각 대금을 분배함에 있어 PE가 우선권을 가지게 되어 PE 입장에서는 자산, 대주주 입장에서는 부채로 인식한다. 해당 동반매각권은 추가로 PE가 얻는 현금흐름을 추정하여, 매각대금으로 모든 현금흐름을 지급하기 때문에 신용위험이 발생할 유인이 없어 무위험으로 할인하여 평가한다. 다만, 동반매각권의 경우에도 매각 대금 이외의 대주주의 추가 현금지급 의무가 있다면, 해당 부분은 대주주의 신용 위험을 반영하여 위험이자율로 평가한다.

대주주의 콜옵션의 경우 PE가 동반매각권을 행사 시 행사 가능하다. 해당 행사금액은 동반매각권의 현금흐름 혹은 그 이상으로 자산 가치가 없어 평가하지 않는다.

풋옵션의 경우 불법행위 등이 발생한 경우에 적용하는 규정으로 해당 경우가 발생하지 않는 것으로 가정하여 평가하지 않는다.

위의 예시는 흔하게 볼 수 있는 계약 요건이지만, 주주간계약은 다양한 조건이 있어 평가에 있어 우선적으로 계약 사항을 정확하게 파악하고 현금흐름 특성을 반영하는 것이 중요하다.

7.9 만기가 없는 옵션

영구채란 원금의 상환 없이 이자만 영구히 지급하는 채권으로 즉, 만기가 없는 채권, 하이브리드 채권, 혹은 신종 자본 증권이라고도 한다.

영구채는 일반적으로 30년의 매우 긴 만기를 가지고 있다. 만기가 길어서 과장해서 영구채라고 부르는 건 아니고, 만기 때 발행회사는 만기를 30년 더 연장할 수 있고 연장횟수에도 제한이 없기 때문에 영구채라 부른다. 사실상 만기가 없다는 점에서는 주식의 성격이 있고, 반면 이자부담을 해야 한다는 점에서는 채권 성격을 지니고 있다.

영구채는 2, 3년 정도마다 금리가 올라가는(스텝업) 조건이 붙고 대신 발행회사에서는 콜옵션(조기상환 권리)를 가지는 경우가 보통이다. 금리가 계속 올라가기 때문에 대부분 영구채 발행회사는 3~5년 뒤 최초 스텝업 시기가 오면 조기상환을 한다. 그래서 시장은 신종자본증권을 사실상 만기 5년짜리 안전자산으로 간주하고 있지만 실무적으로 평가시 만기 30년짜리 채권으로 평가하고 있다.

영구채 금리는 일반 회사채보다 높은 경우가 대부분이다. 한국의 경우, 영구채로 발행한다지만 실제로는 관행적으로 대부분 5년차에 콜옵션을 걸어놓고 그 콜옵션을 무조건 행사한다는 전제하에 발행해왔다. 채권형 신종자본증권으로 옵션형 채권을 평가하기 위하여 실무적으로 Black-Derman-Toy모형을 적용하여 평가한다.

7.10 콴토(Quanto)조정

가치평가의 기본은 현금흐름의 통화와 할인율의 통화를 일치시키는 것이다. 기업가치를 DCF를 통해서 평가하는 경우 원화현금흐름에 대응되는 원화 기준 WACC을 산정해야 하고, 외화현금흐름으로 추정을 한 경우 외화 기준으로 WACC을 산정하게 된다. 이는 파생평가에도 동일하게 적용된다. 예를 들어 일본기업을 기초자산으로 하고 행사 가액은 원화 기준인 콜옵션이 있다고 가정하자. 기초자산은 일본기업이기 때문에 엔화로 평가가 될 것이고 행사가격은 원화 기준으로 계약이 되어 있어 통화가 일치하지 않게 된다. 이러한 경우 필요한 것이 콴토(Quanto)조정이다.

콴토(Quanto)조정은 기초자산 표시통화와 옵션행사에 따른 지급통화가 서로 상이한 경우 필요하다. 기초자산의 통화와 옵션행사에 따른 지급통화가 다르면 환율변동으로 인한 효과를 콴토(Quanto)조정을 통해서 조정한다. 콴토조정은 기초 자산의 변동성, 환율의 변동성 그리고 둘의 상관관계를 통해서 이루어진다. 콴토조정을 통해서 현금흐름과 할인율의 통화를 일치시켜 평가를 할 수 있다.

7.11 전환 시 발행주식이 상환전환우선주인 전환사채

일반적으로 전환사채의 경우, 전환권 행사로 발행되는 주식이 보통주이지만 최근 전환권 행사 시 상환전환우선주로 전환되는 상품이 많이 발행되고 있다.

〈예시〉 전환권에 대한 사항

전환 시 발행 주식: 상환전환우선주

상환전환우선주 존속 기간: 행사 시점부터 10년

전환가격: 상환전환우선주 발행가격과 동일

위의 예시처럼 전환사채의 전환권 행사 시 만기 10년의 상환전환우선주가 발행된다고 가정해보자. 이 경우 기존 전환사채 평가 모형과의 차이점은 전환권 행사 시 보통주가 아닌 발행될 상환전환우선주를 기준으로 전환 여부를 판단해야 한다는 점이다. 향후 특정 시점의 상환전환우선주 가치를 산출하기 위해서는 보통주와 이자율 등의 변수도 예측하여 반영해야 한다. 미래시점의 이자율은 현재 추정하기 어렵기 때문에 현재 시점에서 가장 신뢰할 수 있는 정보를 사용하는 것이 최선의 추정치로 생각된다. 현재 주가로 산출된 주식 노드를 기준으로 해당 시점의 주가를 각 최초시점의 주가로 보고 각 시점의 위험을 반영한 이자율로 상환전환우선주 가치를 산출한다. 이렇게 산출된 상환전환우선주로 전환권 행사 여부를 판단하는 것이 합리적인 방식이라고 판단된다.

실무적으로 이를 구현하기 위해 평가 시점 기준의 상환전환우선주를 산출하는 엑셀양식이 있다고 가정해보자. 그리고 미래 시점의 보통주 가격 변동에 따른 보통주 노드가 구성되어 있다면, 각 노드에서의 보통주 주가와 이자율을 반영하여 상환전환우선주 엑셀양식에 입력하여 각 노드에 따른 상환전환우선주 가치를 산출할 수 있다. 이는 엑셀의 '데이터 표' 기능을 이용하여 민감도 분석을 하듯이 수행하면 된다. 해당 방식으로 산출된 상환전환우선주를 전환사채 전환 Pay-off에 반영한다. 해당 전환 노드 금액과 적정한 이자율을 반영해서 전환사채를 평가하면 된다.

주가가 행사가격보다 유의미하게 높아 주가와 RCPS가치가 거의 동일한 경우 실무적으로 RCPS를 보통주로 가정하여 평가를 수행하는 간편법도 적용되고 있어 적용에 평가자의 판단이 필요하다.

Chapter 04

프로그래밍×파생상품평가

상환전환우선주, 스톡옵션 등 파생상품 가치평가를 엑셀이 아니라 파이썬 등의 프로그래밍 언어로도 풀어낼 수 있다. 실제로 코드기반으로 기존 엑셀 업무를 대체하는 것이 항상 효율적이거나 효과적이라고 할 수는 없지만, 프로그래밍 언어를 사용하여 문제를 해결하는 방식을 이해함으로써 파생상품 평가에 대한 업무뿐만 아니라 다른 업무들에 있어서도 새로운 인사이트를 얻을 수 있다고 생각한다. 본 장의 목적인 프로그래밍을 통한 파생상품가치평가를 위해서는 최소한 아래 내용에 대한 학습이 필요하다.

- 파이썬 기본문법
- 필요 라이브러리(numpy, pandas) 학습

만약 이전에 프로그래밍을 아예 접해보지 못한 독자라면, 이후 내용들을 따라가기 힘들 수 있다. 본 장에서는 파생상품평가 코드 이해를 위하여 numpy, pandas 등의 필수 라이브러리를 간략하게 설명하고 앞서 다룬 Tsiveriotis-Fernandes 모형, Goldman Sachs모형을 활용한 파생상품평가에 대한 내용을 다룬다. 파이썬 기본문법은 다루지 않으니, 파이썬 언어에 익숙하지 않은 독자라면 먼저 파이썬 문법을 학습하고 오기를 권장한다.

실습환경 구축하기 01

파생상품평가 실습을 하기 위해서는 많은 패키지가 필요하다. 이를 일일히 설치하는 것보다는 필요한 패키지들을 모아놓은 파이썬 배포판 아나콘다(anaconda)를 설치하는 것을 권장한다. 아나콘다는 numpy, pandas, Jupyter notebook 등 이 책에서 사용할 대부분의 패키지를 전부 포함하고 있다.

만약, 아나콘다를 사용하지 않으면 개발에 필요한 각각의 모듈들을 하나씩 인

스톨해야 하며, 이러한 개발환경을 구축하는 것도 숙련자가 아닌 독자에게는 프로그래밍 학습을 시작하기 전 넘어야 하는 진입장벽이다.

따라서, 윈도우 환경을 기준으로 두고 아나콘다를 설치하는 방법과 인터넷을 통해 편하게 사용할 수 있는 파이썬 실습 환경인 구글의 코랩(Colab)을 소개한다.

이외 파이썬 개발환경을 이미 구축한 독자들의 경우에는 자신의 개발환경 내에서 학습하기를 권장한다.

1.1 anaconda 설치

anaconda의 설치 링크 : https://www.anaconda.com/

아나콘다 다운로드

위 설치링크를 들어가서, Download 버튼을 클릭하여 아나콘다 설치파일을 다운로드한다.

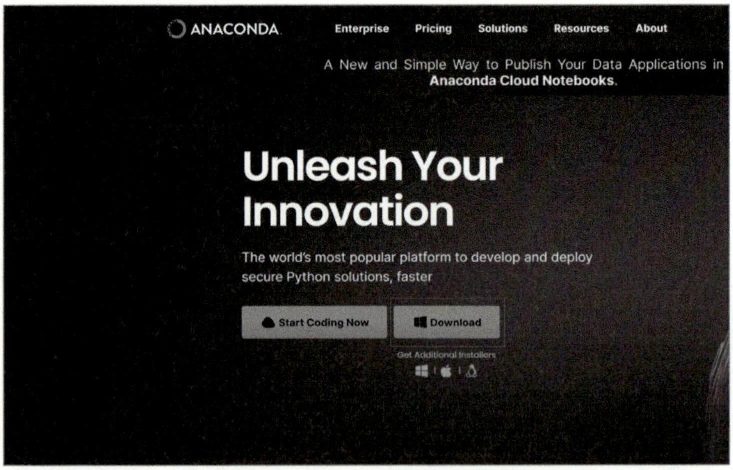

아나콘다 설치

다운로드한 setup 파일을 통해서, 아나콘다를 설치한다. 따로 설정을 바꿔줘야할 필요 없이, 기본설정대로 설치한다.

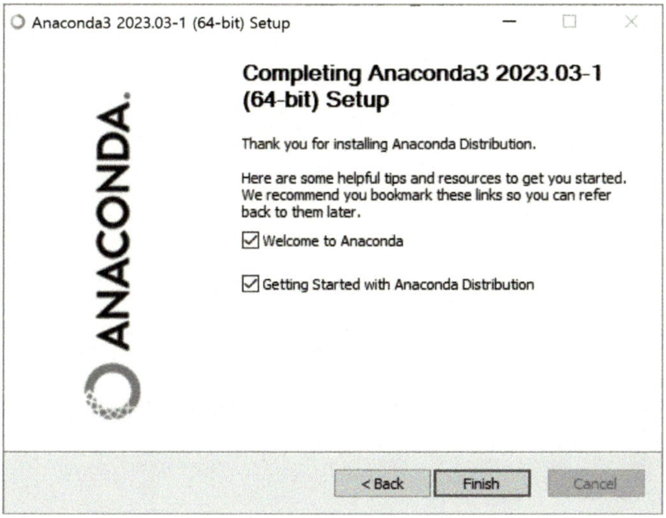

아나콘다 실행

윈도우키를 눌러, Anaconda prompt를 검색하고 실행시켜서 conda라는 명령어가 잘 실행되면 설치가 잘된 것을 확인할 수 있다.

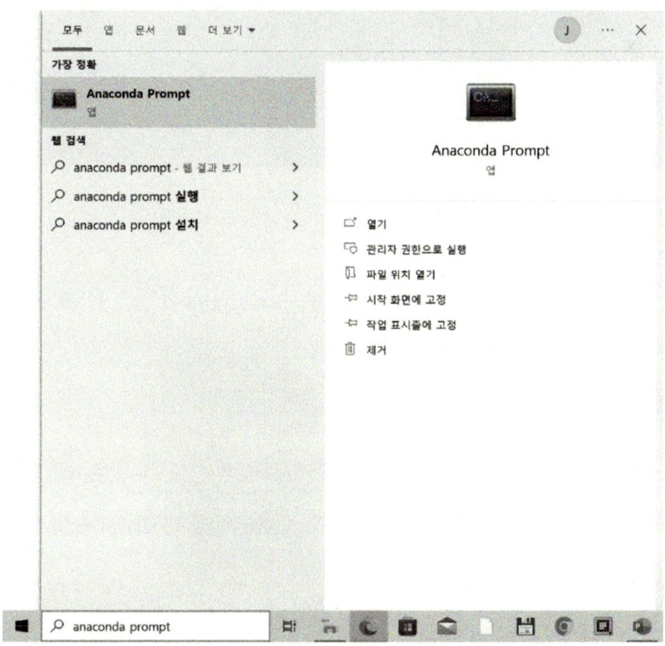

Jupyter notebook 실행

Jupyter notebook을 실행하는 방법은 anaconda prompt에서 Jupyter notebook 명령어를 이용하는 것과 데스크탑 앱을 이용해서 Jupyter notebook을 사용하는 방법이 있다.

- Anaconda prompt 사용방법

Anaconda prompt 창에 "Jupyter notebook"을 입력하면 된다.

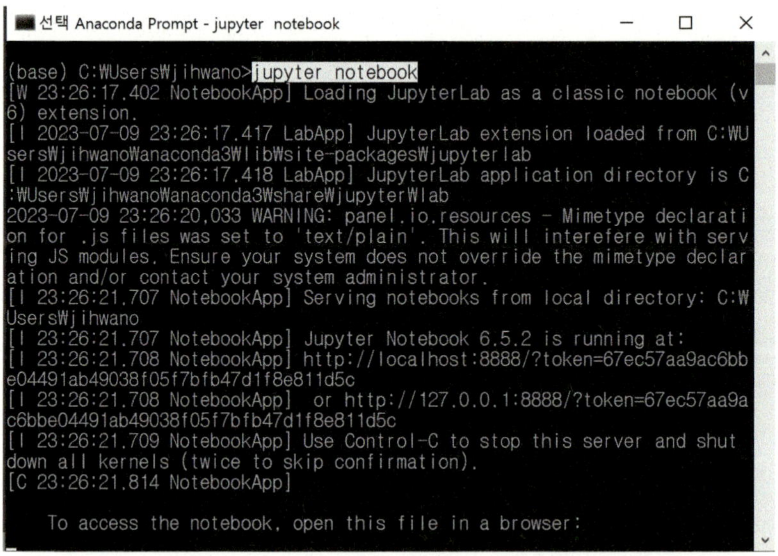

- Jupyter notebook 데스크탑 앱 사용

Jupyter notebook을 "Windows" 키를 누르고 입력하면, 아래와 같이 Jupyter notebook 앱이 뜨게 된다.

- Jupyter notebook 실행하기 & 코드 실행해보기

Jupyter notebook에 처음 들어갔을 때의 폴더는 C드라이브 내 있는 사용자의 사용자폴더이다. New를 눌러서 Python3(ipykernel)을 클릭하면 파이썬 코드를 실행시킬 수 있는 notebook 창이 뜨게 된다.

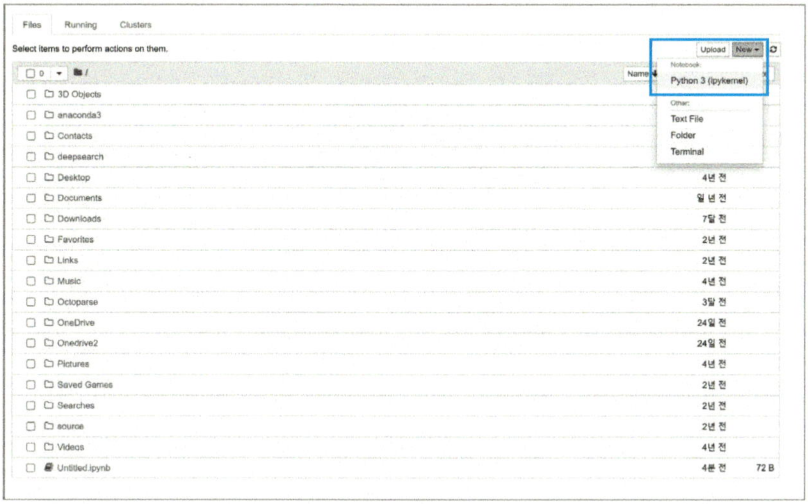

코드별로 실행은 "Shift+Enter"를 통해서 코드를 실행하면 된다. 보다 자세한 사항은 아래 Jupyter notebook tutorial을 참고하도록 하자.

1.2 구글의 코랩(Colab)

코랩(Colab)은 별도의 파이썬 설치없이 파이썬 개발환경을 사용할 수 있는 구글의 클라우드기반 코드에디터이다. 아나콘다와 같은 개발환경을 별도로 설치할 필요 없이 구글 이메일만 있다면, 이용할 수 있다.

Colab 주소: https://colab.research.google.com/

구글의 Colab에 접속하는 방법은 위의 URL을 통해서 접속하거나, 구글(http://www.google.co.kr/)에서 Colab이라고 검색해서 접속할 수 있다.

Colab 시작하기

위 Colab 주소를 통해서, 들어가게 되면 "2023년 6월 21일 기준" 아래와 같은 사용법이 나와있다. 해당 사용법 가이드를 참고하여 Colab을 익히는 것을 권장한다. 위에서 구성한 Jupyter notebook과 사용법이 동일하다.

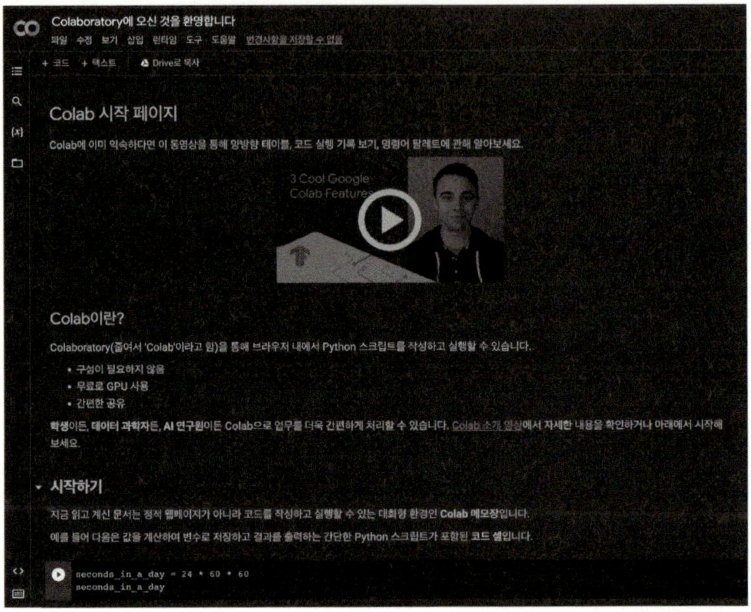

02 실습의 구성

실습은 총 3개 Part로 구분되어 있으며, 독자들의 파이썬 프로그래밍 숙련도에 따라 처음부터 끝까지 정독할 필요 없이 필요한 부분을 발췌하는 식으로 학습하기를 권장한다. 이해를 돕기 위하여 앞서 다룬 excel 예제와 유사한 파이썬코드 예제를 다루고 있으므로, 이전 챕터들과 비교하면서 학습하는 것 또한, 이해도를 향상시키기에 좋은 방법일 것이라고 생각한다.

코드에 대한 설명 이외의 개념적인 설명에 대해서는 본 실습에서는 다루지 않을 예정이며, 앞서 책에서 다룬 내용을 참고하기를 권장한다.

- Part 1. 본 가치평가를 수행하기 위한 파이썬의 필수 라이브러리인 numpy와 pandas에 대한 매우 기본적인 소개
- Part 2. 주가이항트리, 부트스트래핑, 노드간격 구하기와 같은 가치평가에 필요한 세부 모듈에 대한 소개
- Part 3. Goldman Sachs모형, Tsiveriotis-Fernandes모형, Black-Derman-Toy 모형을 활용한 파생상품가치평가

위와 같이 총 3개 파트로 나뉘어져 있다. 위에 대한 코드는 아래 깃허브 저장소에 전부 수록되어 있다.

깃허브 저장소: https://github.com/amzojh/derivatives_valuation_book_1st

numpy(넘파이) 03

이번 주제에서는 파생상품 가치평가에 가장 중요하게 사용되는 numpy 라이브러리에 대한 기본적인 개념을 설명한다.

numpy(넘파이)는 파이썬의 수학적인 연산과 배열 데이터 처리를 위한 핵심 라이브러리이다. numpy는 다차원 배열 객체와 배열 연산에 유용한 다양한 함수와 도구를 제공하여 데이터 과학, 수치 계산, 머신러닝 등 다양한 분야에서 널리 사용된다. 파이썬의 기본 리스트와 비교하여 numpy 배열은 더 효율적이고 강력한 연산을 수행할 수 있다.

특히, 본 책의 파생상품평가에 있어서 매우 핵심적인 역할을 하는 라이브러리이다.

본 책에서는 앞으로의 파이썬코드의 이해를 위하여 numpy의 매우 기초적인 내용만 다루며 앞으로 나올 예제들에 본 챕터에서 소개하지 않은 함수들이 나올

수 있으며, 독자분들께서는 numpy 공식문서 혹은 타 numpy 관련 책들을 참고하면서 공부하기를 권장한다.

3.1 배열생성기초

numpy에서 배열은 ndarray(n-dimensional array)라는 객체로 표현된다.

'ndarray'는 'n-dimensional array'를 줄인 말로, '다차원 배열'을 의미한다. 간단히 말하면, ndarray는 같은 종류의 데이터를 담을 수 있는 그리드(grid)라고 생각하면 된다. 이 그리드는 어떠한 차원으로도 구성될 수 있다.

```
import numpy as np

one_dimension_ndarray=np.array([1,2,3,4])
print(one_dimension_ndarray)
# 출력 :
"""
[1 2 3 4]
"""
```

일차원 배열 이외에도 2차원 배열, n차원 배열도 만들 수 있으며, 다만, 설명의 편의상 2차원배열까지만 소개한다. 2차원배열은 엑셀의 테이블과 같은 형식이라고 이해하면 된다.

```
two_dimension_ndarray=np.array([[1,2,3,4],[1,2,3,4],[1,2,3,4],[1,2,3,4]])
print(two_dimension_ndarray)

# 출력 :

"""
[[1 2 3 4]
[1 2 3 4]
[1 2 3 4]
[1 2 3 4]]
"""
```

3.2 배열생성 – ones, zeros, random

np.zeros() 함수를 사용하여 모든 요소가 0인 배열을 생성하거나, np.ones() 함수를 사용하여 모든 요소가 1인 배열을 생성할 수 있다. 또한, 테이블의 크기만 알고, 각 요소에 random 값을 부여할 수도 있다.

위와 같은 함수는 손쉽게 ndarray의 크기만 알면 배열을 생성해낼 수 있는 장점이 있다.

ones 함수

```
ones_two_dimension_ndarray=np.ones([2,4])
print(ones_two_dimension_ndarray)
# 출력 :
"""

[[1. 1. 1. 1.]
[1. 1. 1. 1.]]

"""
```

np.ones([2,4])란 2×4 배열의 크기를 가지며, 각각의 원소가 1인 ndarray를 생성한다.

zeros 함수

```
zeros_two_dimension_ndarray=np.zeros([3,4])
print(zeros_two_dimension_ndarray)

# 출력 :
"""
[[0. 0. 0. 0.]
[0. 0. 0. 0.]
[0. 0. 0. 0.]]
"""
```

np.zeros([3,4])란 3×4 배열의 크기를 가지며, 각각의 원소가 0인 ndarray를 생성한다

random 함수

```
random_two_dimension_ndarray=np.random.random([6,4])
print(random_two_dimension_ndarray)

# 출력 :

"""
[[0.38492964 0.59845817 0.89110882 0.62985576]
[0.72741048 0.13362749 0.08936951 0.24231004]
[0.20380824 0.91635365 0.81887447 0.54764793]
[0.20352367 0.84938552 0.42096778 0.81366777]
[0.62183767 0.94082749 0.10839366 0.85757813]
[0.18392468 0.07741452 0.56943393 0.68143676]]
"""
```

np.random.random([6,4])란 6×4 배열의 크기를 가지며, 각각의 원소가 0~1 랜덤값으로 초기화된 배열을 생성한다.

3.3 배열 Shape 및 크기 확인

배열의 shape 및 크기는 shape 속성을 통해 확인할 수 있다.

```
print(ones_two_dimension_ndarray.shape)
# 2×4 행렬

print(zeros_two_dimension_ndarray.shape)
# 3×4 행렬
```

위에서 만들어진 ones_two_dimension_ndarry와 zeros_two_dimension_ndarray의 크기를 shape 속성을 통해서 확인할 수 있다.

3.4 인덱싱 및 슬라이싱

인덱싱과 슬라이싱의 개념은 Python list를 다루는 문법에서도 다뤄지며, 동일한 방법으로 numpy에서도 ndarray를 다룰 수 있다.

인덱싱과 슬라이싱은 numpy 배열에서 특정 요소 또는 일부 요소에 접근하는 방법을 제공한다. 이를 통해 배열의 원하는 부분을 선택하거나 조작할 수 있다.

인덱싱(Indexing)은 배열에서 특정 위치의 단일 요소에 접근하는 것이며, numpy 배열의 인덱스는 0부터 시작하며, 각 차원마다 인덱스를 지정하여 접근한다.

인덱싱 예시

```
# 1차원 배열 인덱싱
array1d=np.array([1, 2, 3, 4, 5])
print(array1d[0]) # 출력: 1
print(array1d[2]) # 출력: 3

# 2차원 배열 인덱싱
array2d=np.array([[1, 2, 3], [4, 5, 6]])
print(array2d[0, 0]) # 출력: 1
print(array2d[1, 2]) # 출력: 6
```

슬라이싱(Slicing)은 배열에서 일부 요소를 선택하며, 슬라이싱은 콜론(:)을 사용하여 구간을 지정하는 방식으로 수행된다. 사용자가 지정한 시작 인덱스부터 끝 인덱스 전까지의 요소를 선택할 수 있다.

슬라이싱 예시

```
# 1차원 배열 슬라이싱
array1d=np.array([1, 2, 3, 4, 5])
print(array1d[1:4]) # 출력: [2 3 4]
```

```
# 2차원 배열 슬라이싱
array2d=np.array([[1, 2, 3], [4, 5, 6]])
print(array2d[:, 1]) # 출력: [2 5](모든 행의 두 번째 열 선택)
print(array2d[1, :]) # 출력: [4 5 6](두 번째 행의 모든 열 선택)
print(array2d[0:2, 1:3]) # 출력: [[2 3] [5 6]](첫 번째부터 두 번째 행, 두 번째부터 세 번째 열 선택)
```

3.5 배열의 연산

numpy는 배열 연산을 위한 다양한 함수와 기능을 제공한다. 기본적인 수학 연산인 덧셈, 뺄셈, 곱셈, 나눗셈은 numpy 배열에서도 간단하게 수행할 수 있다. 배열 간 연산 시에는 브로드캐스팅(Broadcasting) 개념을 이해하면 보다 폭넓은 연산이 가능한데, 이를 통해 배열 간의 크기가 다른 연산도 가능하게 하므로 향후 가치평가 로직을 만들 때, 코드의 이해를 위해서 필수적으로 이해해야만 한다.

배열의 기본 연산

```
# Input 값
array1=np.array([1, 2, 3])
array2=np.array([4, 5, 6])

# 덧셈
addition=array1+array2
print(addition)
# 출력: [5 7 9]

# 뺄셈
subtraction=array1-array2
print(subtraction)
# 출력: [-3 -3 -3]

# 곱셈
multiplication=array1 * array2
print(multiplication)
# 출력: [4 10 18]

# 나눗셈
division=array1 / array2
print(division)
# 출력: [0.25 0.4. 0.5]
```

위에서 보인, 덧셈, 뺄셈, 곱셈, 나눗셈은 array1과 array2의 배열 크기가 같기 때문에 array1과 array2의 각 요소들이 1대1로 대응이 되어, 연산이 가능하였다.

아래 코드는 브로드캐스팅이 적용된 사례이다.

브로드캐스팅(배열×스칼라)

```
# 브로드캐스팅예시
array1=np.array([1, 2, 3])
scalar=2

# 스칼라와 배열의 곱셈
result=array1 * scalar # 3×1 배열과 , 1개 원소의 곱
print(result)
# 출력:
[2 4 6]
```

Array1과 scalar는 같은 shape이 아니다. Array1은 3×1 배열이며, scalar 단일 요소를 가진 숫자이다.

2개의 변수를 더하거나 빼면, 연산이 되는데 이렇게 연산이 가능한 이유가 바로 브로드캐스팅 때문이다. scalar라는 변수는 3×1 배열의 크기를 가진 array1과 연산되기 위해서 각 요소가 2인 3×1 배열로 변하게 되고, 이후에 곱셈 연산이 진행된다.

다차원 배열의 브로드캐스팅

```
array2=np.array([[1, 2, 3], [4, 5, 6]])
array3=np.array([1, 2, 3])

# 배열 간의 덧셈
# 3×2 배열과 3×1 배열의 덧셈
result=array2+array3
print(result)
# 출력:
# [[2 4 6]
# [5 7 9]]
```

해당 사례도 마찬가지로 array2와 array3의 크기가 다르지만 2개 변수가 연산이 가능하다.

브로드캐스팅은 numpy에서 배열 간의 크기가 다른 연산을 가능하게 하는 기능이다. 작은 배열을 자동으로 확장하여 크기가 큰 배열과 동일한 모양을 만들어 연산을 수행한다.

- 두 배열의 차원 수가 다르면, 차원 수가 작은 배열이 더 큰 배열의 차원 수와 맞을 때까지 1차원을 추가한다.
- 두 배열의 차원 크기가 동일하지 않은 경우, 차원 크기가 1인 배열을 다른 배열과 동일한 크기로 확장한다.
- 두 배열의 차원 크기가 동일한 경우, 해당 차원에서의 요소별 연산이 수행된다.

브로드캐스팅은 배열 간의 요소별 연산뿐만 아니라 스칼라와 배열 간의 연산에도 적용된다.

스칼라는 크기가 1인 배열로 간주되며, 스칼라와 배열 간의 연산은 배열의 각 요소에 스칼라 값을 적용하는 것과 동일하다.

위의 이야기를 조금 더 구체화하면 브로드캐스팅은 아래 조건에 해당될 때 적용될 수 있다.

- 차원의 크기가 1일 때 가능하다.
- 차원의 짝이 맞을 때 가능하다.
- 차원에 대해 축의 길이가 동일하면 브로드캐스팅이 가능하다.

브로드캐스팅을 활용하면 배열의 크기가 다른 연산도 간편하게 수행할 수 있으며, 코드의 가독성과 효율성을 높일 수 있다.

pandas(판다스) 04

파이썬을 활용한 파생상품평가에 핵심이 되는 pandas 라이브러리에 대해서 설명한다.

pandas는 Python 프로그래밍 언어로 작성된 데이터 조작 및 분석을 위한 소프트웨어 라이브러리로 numpy를 기반으로 구현되어 있으며, 데이터 분석 작업에 특화되어 있다.

이번 파생상품 밸류에이션에서는 numpy가 주로 쓰이지만, pandas를 활용하여, excel과 관련된 모듈을 사용하지 않더라도 손쉽게 엑셀로 데이터들을 export 할 수 있는 장점이 있다.

단, 본 pandas 튜토리얼은 pandas에 대한 매우 기초적인 내용만 다루며, 해당 목차의 내용을 바탕으로 구글링을 통해서 부족한 부분을 학습하기를 권장한다.

4.1 Series와 DataFrame

Series는 pandas의 1차원 배열 형태의 자료구조이다. 각 값에는 고유한 레이블(인덱스)가 지정되며, 아래는 Series를 생성하는 방법들의 몇 가지 예시이다.

리스트를 통한 Series 생성

```
list_series=pd.Series([1, 3, 5, np.nan, 6, 8])
print(list_series)

# 출력:
"""
0 1.0
1 3.0
2 5.0
3 NaN
4 6.0
5 8.0
dtype: float64
"""
```

딕셔너리를 이용하여 Series 생성

```
dict_series=pd.Series({'a': 1, 'b': 2, 'c': 3})
print(dict_series)

# 출력:
"""
a 1
b 2
c 3
dtype: int64
"""
```

DataFrame은 pandas의 2차원 배열 형태의 자료구조로 가장 떠올리기 쉬운 것은 엑셀의 테이블이다.

Series와 같이 여러 종류의 입력 데이터를 받아서 DataFrame을 생성할 수 있다.

- numpy 배열을 이용하여 DataFrame 생성
- 딕셔너리를 이용하여 DataFrame 생성
- 리스트의 리스트를 이용하여 DataFrame 생성

예시는 3개만 나열하였지만, 더욱 다양하게 Dataframe을 만들 수 있다.

numpy 배열을 이용하여 DataFrame 생성

```
numpy_df=pd.DataFrame(np.random.random([6,4]), columns=['A', 'B', 'C', 'D'])
print(numpy_df)

# 출력:
"""
A B C D
0 0.436018 0.030753 0.503209 0.106000
1 0.363089 0.425938 0.000406 0.259711
2 0.473539 0.679867 0.411641 0.852654
3 0.914668 0.260859 0.766119 0.245613
4 0.525223 0.502061 0.001775 0.870397
5 0.562465 0.948550 0.543647 0.756816
"""
```

딕셔너리를 이용하여 DataFrame 생성

```
dict_df=pd.DataFrame({
'A': [1,2,3,4],
'B': [5,6,7,8],
'C': [9,10,11,12],
'D': [13,14,15,16],
})
print(dict_df)

# 출력:
"""
A B C D
0 1 5 9 13
1 2 6 10 14
2 3 7 11 15
3 4 8 12 16
"""
```

리스트의 리스트를 이용하여 DataFrame 생성

```
data=[['홍길동',10],['영희',12],['철수',13]]
list_df=pd.DataFrame(data,columns=['Name','Age'])
print(list_df)

# 출력:
"""
Name Age
0 홍길동 10
1 영희 12
2 철수 13
"""
```

4.2 데이터(csv, excel) 불러오기, 저장하기

pandas는 엑셀에서 흔히 사용하는 2차원 배열의 데이터를 분석하기 위해서 만들어졌으며, 따라서 csv 혹은 excel로부터 데이터를 불러오고, 작업한 데이터를 저장할 수 있다.

실습에 대한 파일은 본 실습파일이 위치한 github 저장소에 같이 저장되어 있다.

- csv 파일명 : Ch0_pandas_csv_example.csv
- excel 파일명 : Ch0_pandas_excel_example.xlsx

read_csv, read_excel과 데이터프레임에서 to_excel, to_csv 등의 간단한 명령어만으로도 데이터를 읽고 쓸 수 있다.

테이블 정보는 아래와 같이 구분, 회계사수, 매출이 Column이고, 각 행에 회계법인에 대한 내용으로 구성되어 있다.

구분	회계사수	매출
S회계법인	3,000	100,000,000
H회계법인	2,000	50,000,000
A회계법인	1,000	25,000,000

데이터 읽기(read_csv, read_excel)

```
csv_file_path="Ch0_pandas_csv_example.csv"
excel_file_path="Ch0_pandas_excel_example.xlsx"

# csv 파일 읽기
csv_df=pd.read_csv(csv_file_path)

# excel 파일 읽기
excel_df=pd.read_excel(excel_file_path, engine='openpyxl')
```

주의) csv와 달리 excel의 경우, 파일형식이 다르기 때문에, pandas에서도 외부라이브러리를 활용해서 읽어야 하므로 engine='openpyxl'과 같은 옵션이 추가로 들어가야만 데이터를 읽을 수 있다.

데이터 저장하기(to_csv, to_excel)

```
dict_df=pd.DataFrame({
'A': [1,2,3,4],
'B': [5,6,7,8],
'C': [9,10,11,12],
'D': [13,14,15,16],
})

print(dict_df)

# 출력:
"""
A B C D
0 1 5 9 13
1 2 6 10 14
2 3 7 11 15
3 4 8 12 16
"""

dict_df.to_excel("Ch0_pandas_excel_output.xlsx")
dict_df.to_csv("Ch0_pandas_excel_output.csv")
```

위와 같이 4×4의 컬럼이 A,B,C,D인 DataFrame을 csv 및 excel로 손쉽게 저장이 가능하다.

저장된 csv 및 excel은 "Ch0_pandas_excel_output.xlsx", "Ch0_pandas_excel_output.csv"에서 확인이 가능하다.

4.3 데이터 병합하기, 이어붙이기(concat, merge)

concat() 함수는 여러 DataFrame을 하나로 결합한다. 기본적으로 이 함수는 데이터프레임을 수직으로 결합한다. 같은 컬럼내 서로 다른 데이터가 존재하는 데이터프레임 행 기반으로 아래로 이어붙일 때 사용된다. 이는 SQL에서의 UNION과 유사하게 동작한다.

pandas concat 예제

```
df1 = pd.DataFrame({'A': ['A0', 'A1', 'A2'],'B': ['B0', 'B1', 'B2']},index=[0, 1, 2])

print(df1)

# 출력:
"""
A B
0 A0 B0
1 A1 B1
2 A2 B2
"""

df2 = pd.DataFrame({'A': ['A3', 'A4', 'A5'],'B': ['B3', 'B4', 'B5']},index=[3, 4, 5])
print(df2)

# 출력:
"""
A B
3 A3 B3
4 A4 B4
5 A5 B5
"""
```

위와 같이 동일한 A, B라고 하는 컬럼을 가지고, 데이터가 서로 다른 2개의 DataFrame을 pd.concat을 활용하여 이어붙일 수 있다.

```
result = pd.concat([df1, df2])
print(result)

# 출력:
"""
A B
0 A0 B0
1 A1 B1
2 A2 B2
```

```
3 A3 B3
4 A4 B4
5 A5 B5
"""
```

pd.merge 예제

```
df4=pd.DataFrame({'key': ['K0', 'K1', 'K2'],
'A': ['A0', 'A1', 'A2'],
'B': ['B0', 'B1', 'B2']})
print(df4)

# 출력:
"""
key A B
0 K0 A0 B0
1 K1 A1 B1
2 K2 A2 B2
"""

df5=pd.DataFrame({'key': ['K0', 'K1', 'K2'],
'C': ['C0', 'C1', 'C2'],
'D': ['D0', 'D1', 'D2']})
print(df5)
# 출력:
"""
key C D
0 K0 C0 D0
1 K1 C1 D1
2 K2 C2 D2
"""
```

Column이 Key, A, B인 데이터프레임 df4와 Column이 key, C, D인 데이터프레임 df5를 key를 기준으로 데이터를 merge 함수를 이용해서 열 기준으로 이어붙일 수 있다.

```
result=pd.merge(df4, df5, on='key')
print(result)
# 출력:
"""
key A B C D
0 K0 A0 B0 C0 D0
1 K1 A1 B1 C1 D1
2 K2 A2 B2 C2 D2
"""
```

05 파생상품 평가에 필요한 모듈만들기 (이항모형, 부트스트래핑, 노드)

이번 절에서는 앞서 다룬 numpy, pandas를 활용하여 파생상품평가에 필요한 모듈인 이항모형, 이자율 부트스트래핑, 노드간격 구하기 등의 실습을 진행할 예정이다.

5.1 주가이항모형

실습파일: "1.1 binomialtree.ipynb"

numpy 라이브러리를 이용하여 주가이항트리를 그리는 방법에 대해서 설명한다. 주가이항모형을 그리기 위한 input 값은 아래와 같다.

이항모형 실습(기초)

```
import numpy as np
import math

# input 값
node_count=10 # 노드개수
u=1.1 # 상승계수
d=1 / u # 하락계수
s=10000 # 기초자산주가

# 노드개수만큼의 0으로 이루어진, n×n 행렬생성
stock_binomial_tree=np.zeros((node_count, node_count))

# 가장 첫 번째 노드에 기초자산주가 설정
stock_binomial_tree[0, 0]=s

for i in range(1, node_count):
        for j in range(i+1):
 # 상승계수는 i-j 번 , 하락계수는 j 만큼 적용
                stock_binomial_tree[j,i]=s * math.pow(u, i-j) * math.pow(d, j)
```

필요한 모듈과 인풋을 정의한 후, node_count(노드개수) 변수를 이용하여, 주가이항트리와 관련된 ndarray를 초기화하고, 가장 첫 번째 노드에 기초자산주가를 설정해준다.

stock_binomial_tree는 크기가 node_count×node_count에 해당하는 ndarray이다. 주가이항트리를 생각해보면, 아래와 같은 그림이 나오게 된다.

따라서, for-loop를 행의 인덱스(i)와 열의 인덱스(j)를 통해서 각 요소를 탐색할 수 있기 때문에, 행에 대한 for-loop와 열에 대한 for-loop 반복문을 시행하면서, 각 요소에 대한 적절하게 상승계수 및 하락계수를 적용한다.

"i" : 주가가 움직인 총 횟수

"j" : 주가가 하락계수가 적용받는 횟수

"i−j" : 주가가 상승계수가 적용받는 횟수

이항모형 실습(slicing 사용)

```
# 노드개수만큼의 0으로 이루어진 n×n 행렬생성
stock_binomial_tree = np.zeros((node_count, node_count))

# 가장 첫 번째 노드에 기초자산주가 설정
stock_binomial_tree[0, 0] = s

# 2번째 노드부터 마지막 노드까지 순차적으로 실행되는 for-loop 실행
for i in range(1, node_count):
        # 상승노드의 경우, 이전 노드에서 상승계수만 반영
        stock_binomial_tree[0, i] = stock_binomial_tree[0, i-1] * u
        # 하락노드의 경우, 이전 노드에서 하락계수만 반영
        stock_binomial_tree[1:i+1, i] = stock_binomial_tree[:i, i-1] * d
```

위 내용은 for-loop를 i, j 2번씩 탐색해야 주가이항모형을 그릴 수 있었다면, numpy의 슬라이싱 및 브로드캐스팅 개념을 활용하여, 첫 번째 예시코드와 비교하여 for-loop 2번을 사용하지 않고, 간결하게 표현할 수 있다.

가장 상위에 위치한 경우는 항상 주가가 이전보다 상승하는 케이스이므로 이전에 상승계수를 적용받은 노드에서 상승계수(u)를 곱하여, 아래와 같이 표현한다.

따라서, stock_binomial_tree[0, i]는 이전 "i−1"번째의 첫 번째 노드에서 상승계수를 적용받은 금액이며, 해당하는 노드들이 음영처리되어 있음을 알 수 있다.

주가	0	1	2	3
0	10,000	10,000*u	10,000*uu	10,000*uuu
1		10,000*d	10,000*ud	10,000*uud
2			10,000*dd	10,000*udd
3				10,000*ddd

단, 하락계수를 적용받는 경우에는 이전 주가 움직임 (i−1)번째에서 하나씩 하락계수가 적용받는 모습을 보이는데, 이를 일반화하면 이렇게 표현할 수 있다.

stock_binomial_tree[1:i+1, i]: "i"번째에 두 번째부터 i번째까지의 노드는 이전 "i−1"번째의 노드에서 첫 번째에서 "i−1"번째까지의 노드값에서 하락계수를 곱한 것으로 표현된다. 이 내용을 그림으로 표현하면 아래와 같다.

주가	0	1	2	3
0	10,000	10,000*u	10,000*uu	10,000*uuu
1		10,000*d	10,000*ud	10,000*uud
2			10,000*dd	10,000*udd
3				10,000*ddd

5.2 부트스트래핑

실습파일: "1.2 bootstrapping.ipynb"

파이썬을 통해 이자율 부트스트래핑을 할 수 있으며, YTM에서 현물이자율, 선도이자율을 산출하는 일련의 과정에 대해서 설명한다. 설명의 편의상 이자지급주기 1년을 가정하고, 관측되는 YTM의 기간은 1년, 3년, 5년물이며, 각각의 YTM은 1%, 3%, 5%로 가정한다.

부트스트래핑의 과정은 관측되는 YTM의 이자지급주기에 따라서, 관측되지 않는 기간에 대한 YTM 수익률은 보간법을 통해서 산출하고, 각 기간에 산출된 YTM을 통해서, 현물이자율을 산출하고, 각 산출된 현물이자율을 이용하여 선도이자율을 산출한다.

보다 자세한 설명은 앞에서 설명한 "이자율의 1.4 Bootstrapping"을 참고바란다.

Step1. YTM 보간법

```
import numpy as np

basis=1 # 이자지급 1년에 1번을 가정
ytm_periods=[1,3,5] # 관측기간은 1년, 3년, 5년
ytm_interests=[0.01, 0.03, 0.05]
bond_principal=100 # 채권이자원금 100원 가정

# basis마다 노드 생성
basis_array=np.arange(basis, 5+basis, basis)
# 출력: [1 2 3 4 5]

# ytm 보간법
interpolated_ytm_interests=np.interp(basis_array, ytm_periods, ytm_interests)
# 출력: array([0.01, 0.02, 0.03, 0.04, 0.05])
```

numpy의 interp 함수를 통하여, YTM이 관측되지 않는 2년, 4년에 대해서 보간법을 통해서 이자율을 채워준다.

Step2. 현물이자율 구하기

```
spot_rates=[interpolated_ytm_interests[0]] # 가장 첫 번째 현물이자율은 ytm 관측이자율로 고정

for idx, ytm in enumerate(interpolated_ytm_interests[1:]):
    t=(idx+1) * basis

    # 이자의 현재가치 변수 초기화
    pv_interest=0
        for j in range(idx+1):

            # 기간별 원금이자 계산
            current_interest=bond_principal * basis * ytm
            exponent=j+1

            # 기간에 대응하는 현물이자율로 원금이자를 할인하여 이자의 현재가치 계산
            pv_current_interest=current_interest / np.power((1+spot_rates[j]), exponent)
```

```
        # 이자누적
        pv_interest += pv_current_interest

    # 만기원리금 계산: 원금+(1+ytm * basis)
    total_interest_principal = bond_principal *(1+ytm)

    # 만기원리금의 현재가치
    pv_bond_price = bond_principal - pv_interest

    exponent = idx+2
    pv_factor = total_interest_principal / pv_bond_price
    spot_rate = (np.power(pv_factor, 1 / exponent) - 1)

    spot_rates.append(spot_rate)
```

가장 첫 번째 기간의 현물이자율은 관측되는 YTM과 동일하기에 첫 번째 기간에 대해서는 YTM으로 초기화를 한다.

그리고 2번째 기간부터 마지막 5번째 기간까지 for-loop를 통해서 현물이자율을 산출한다

1. 각 시점에 맞는 YTM을 활용하여 이자원금을 계산한다.

```
# 기간별 원금이자 계산
current_interest = bond_principal * basis * ytm
```

2. 계산된 이자원금을 현가화하고, 이자의 현재가치들을 누적한다.

```
# 기간에 대응하는 Spot rate로 원금이자를 할인하여 이자의 현재가치 계산
pv_current_interest = current_interest / np.power((1+spot_rates[j]), exponent)

# 이자누적
pv_interest += pv_current_interest
```

3. 계산된 이자의 현재가치와 만기원리금을 차감하고, 해당 시점의 현물이자율을 산출한다.

```
# 만기원리금 계산: 원금+(1+ytm * basis)
total_interest_principal=bond_principal *(1+ytm)

# 만기원리금의 현재가치
pv_bond_price=bond_principal-pv_interest

exponent=idx+2
pv_factor=total_interest_principal / pv_bond_price
spot_rate=(np.power(pv_factor, 1 / exponent)-1)

spot_rates.append(spot_rate)
```

Step3. 선도이자율 구하기

```
forward_rates=[spot_rates[0]]
for i in range(1, len(spot_rates)):
    t1=i+1
    t2=i
    forward_rate=((np.power((1+spot_rates[i]), t1) / np.power((1+spot_rates[i-1]), t2))-1)
    forward_rates.append(forward_rate)
```

선도이자율은 산출된 현물이자율을 통해서 산출된다. 따라서, for-loop를 순차적으로 돌면서, 직전 현물이자율과 현재 현물이자율을 통해서 선도이자율을 산출한다.

5.3 노드별 날짜리스트

실습파일: "1.3 node.ipynb"

파생상품의 노드별 날짜리스트는 실무상 개수를 기반으로 만들어지기도 하고, 날짜간격을 통해서 만들어지기도 한다. 이번 챕터에서는 2개 케이스를 실습한다.

노드개수기반으로 노드별 날짜리스트 구하기

```
import numpy as np
import pandas as pd

# Input 정의
start_date_str="2023-06-30" # 평가기준일
end_date_str="2030-12-31" # 만기일
node_count=30 # 노드개수

start_date=pd.Timestamp(start_date_str)
end_date=pd.Timestamp(end_date_str)

date_range=pd.date_range(
start=start_date, end=end_date, periods=node_count)
date_array=np.array(date_range)

print(date_array)
# 출력
"""
array(['2023-06-30T00:00:00.000000000', '2023-10-02T12:24:49.655172414',
'2024-01-05T00:49:39.310344828', '2024-04-08T13:14:28.965517240',
'2024-07-12T01:39:18.620689656', '2024-10-14T14:04:08.275862072',
'2025-01-17T02:28:57.931034480', '2025-04-21T14:53:47.586206896',
'2025-07-25T03:18:37.241379312', '2025-10-27T15:43:26.896551728',
'2026-01-30T04:08:16.551724144', '2026-05-04T16:33:06.206896560',
'2026-08-07T04:57:55.862068960', '2026-11-09T17:22:45.517241376',
'2027-02-12T05:47:35.172413792', '2027-05-17T18:12:24.827586208',
'2027-08-20T06:37:14.482758624', '2027-11-22T19:02:04.137931040',
'2028-02-25T07:26:53.793103456', '2028-05-29T19:51:43.448275872',
'2028-09-01T08:16:33.103448288', '2028-12-04T20:41:22.758620704',
'2029-03-09T09:06:12.413793120', '2029-06-11T21:31:02.068965536',
'2029-09-14T09:55:51.724137920', '2029-12-17T22:20:41.379310336',
'2030-03-22T10:45:31.034482752', '2030-06-24T23:10:20.689655168',
'2030-09-27T11:35:10.344827584', '2030-12-31T00:00:00.000000000'],
dtype='datetime64[ns]')
"""
```

노드의 시작일자와 종료일자, 노드개수를 입력을 통해서 받으면, pandas의 date_range라는 메소드를 통해서 매우 쉽게 노드개수기반의 노드를 생성할 수 있다.

노드간격기반으로 노드별 날짜리스트 구하기

```
import numpy as np
import pandas as pd

interval=7 #1개 노드Step당 7일간격
start_date_str="2023-06-30"
end_date_str="2023-12-31"

freq=f"{interval}D"
start_date=np.datetime64(start_date_str, "D")
end_date=np.datetime64(end_date_str, "D")

date_range=pd.date_range(
start=start_date, end=end_date, freq=freq)

date_array=np.array(date_range)

# 만약 마지막 일자가 간격이 맞지 않아 생성되지 않은 경우, 마지막 일자를 마지막 노드에 추가하기
if date_array[-1] !=end_date:
        date_array=np.append(date_array, end_date)

print(date_array)

# 출력: 7일간격의 노드별 날짜리스트 구하기
"""
array(['2023-06-30T00:00:00.000000000', '2023-07-07T00:00:00.000000000',
'2023-07-14T00:00:00.000000000', '2023-07-21T00:00:00.000000000',
'2023-07-28T00:00:00.000000000', '2023-08-04T00:00:00.000000000',
'2023-08-11T00:00:00.000000000', '2023-08-18T00:00:00.000000000',
'2023-08-25T00:00:00.000000000', '2023-09-01T00:00:00.000000000',
'2023-09-08T00:00:00.000000000', '2023-09-15T00:00:00.000000000',
'2023-09-22T00:00:00.000000000', '2023-09-29T00:00:00.000000000',
'2023-10-06T00:00:00.000000000', '2023-10-13T00:00:00.000000000',
'2023-10-20T00:00:00.000000000', '2023-10-27T00:00:00.000000000',
'2023-11-03T00:00:00.000000000', '2023-11-10T00:00:00.000000000',
'2023-11-17T00:00:00.000000000', '2023-11-24T00:00:00.000000000',
'2023-12-01T00:00:00.000000000', '2023-12-08T00:00:00.000000000',
'2023-12-15T00:00:00.000000000', '2023-12-22T00:00:00.000000000',
'2023-12-29T00:00:00.000000000', '2023-12-31T00:00:00.000000000'],
dtype='datetime64[ns]')"""
```

pandas의 date_range 메소드에서 freq 파라미터를 활용하여, 시작일자 2023년 6월 30일에서 종료일자 2023년 12월 31일까지의 7일간격의 노드별 날짜리스트를 구할 수 있다.

파생상품평가 06

지난 절에서는 주가이항트리, 노드별 날짜리스트 구하기 등의 파생상품을 평가하기 위한 기본적인 모듈에 대해서 다루었고, 이번 절에서는 그러한 모듈들을 합쳐서 실제 파생상품 가치평가실습을 진행한다. Goldman Sachs모형(GS 모형), Tsiveriotis-Fernandes모형(TF모형), Black-Derman-Toy(BDT모형)에 대해서 다룬다.

6.1 Goldman Sachs모형

실습파일: "2.1 Goldman-Sachs.ipynb"

Goldman Sachs모형을 활용하여 파생상품평가를 위해 계산구조를 생각해보면, 아래와 같이 나눌 수 있다.

Step 1: 날짜 배열 생성

Step 2: 부트스트래핑을 사용하여 kd 및 rf spot rate 및 forward rate 계산

Step 3: 상환전환우선주 상환금액 트리 생성(주계약/put)

Step 4: 주가이항트리 생성

Step 5: GS Valuation(Pay-off)

Step 6: 엑셀로 결과 추출하기

위와 같이 6단계로 나누어서 코드를 작성할 예정이며, 실제 엑셀 모델과 같이 엑셀로 데이터들을 뽑는 방법도 6단계에서 다룰 예정이다. 아래는 파생상품평가에 필요한 input 값들이다. 단, 실무적으로 변동성을 산출하는 방법, 2단계에서의 부트스트래핑 가정 등은 GS모형 평가에 집중하기 위하여 단순하게 가정하였다.

Step 0: Input 값 정의

```
import numpy as np

# Input
node_count=11 # 노드개수
s=100000 # 기초자산가격
x=100000 # 행사가격
put_yield=0.05 # Put 수익률
rf=0.015 # 무위험이자율
kd=0.05 # 위험이자율
volatility=0.255 # 주가변동성
delta_t=1
u=np.exp(volatility* np.sqrt(delta_t)) # 상승계수
d=1 / u # 하락계수
p=(np.exp(rf * delta_t)-d) /(u-d) # 위험중립확률
q=1-p
```

이해도 제고를 위하여, 위 Input들은 엑셀실습에서 사용했던 Input 값을 그대로 준용하였다. 엑셀실습과 로직은 같으며, 엑셀과 파이썬 코드를 비교 하면서 학습하는 것을 추천한다.

Step 1: 날짜 배열 생성

Step 2: 부트스트래핑을 사용하여 위험이자율과 무위험이자율의 현물이자율 및 선도이자율 계산

```
# 편의상 노드는 현재시점 ~ 10년까지 총 11개 노드로 구성

node_array=np.arange(0, node_count)
print(node_array)

# 출력: [ 0 1 2 3 4 5 6 7 8 9 10]

kd_forward_array=kd+0.0001 * node_array

print(kd_forward_array)
# 출력: [0.05 0.051 0.052 0.053 0.054 0.055 0.056 0.057 0.058 0.059]
```

설명의 편의를 위하여 노드의 가정은 현재시점(0)에서부터 10년 후 시점으로 노드개수는 총 11개로 가정하였으며, 이자율 무위험할인율(rf), 위험할인율(kd)에 대해서 부트스트래핑 또한, 현물이자율을 먼저 산출한 후에, 선도이자율을 구해야하지만, rf의 선도이자율은 동일하다는 가정을 하였고, kd의 선도이자율만 1년마다 0.01%만큼 증가하는 것으로 가정하였다.

Step 3: 상환전환우선주 상환금액 배열 및 사채가치 배열 생성(주계약/put)

```
# 행사가액×(1+put 이자율) ^ 각 시점별 제곱
put_ammount_array=x* np.power((1+put_yield), node_array)

print(put_ammount_array)
# 출력:
"""
[100000. 105000. 110250. 115762.5
121550.625 127628.15625 134009.5640625 140710.04226563
147745.54437891 155132.82159785 162889.46267774]
"""
```

먼저 행사가격(발행가격)에 상환청구이자율 5%를 각 시점별로 곱하여서 상환청구시 받을 수 있는 상환청구금액을 구해준다.

```
put_ammount_array=x* np.power((1+put_yield), node_array)
```

위처럼 표현이 되는데, numpy의 브로드캐스팅을 통해서 node_array 크기에 맞도록 상환청구금액을 구하게 된다.

시점	0	1	2	3	4	5	6	7	8	9	10
상환가능금액	10,000	10,500	11,025	11,576	12,155	12,763	13,401	14,071	14,775	15,513	16,289
put 수익률		5%	5%	5%	5%	5%	5%	5%	5%	5%	5%
수익률계수(누적)	1.00	1.05	1.10	1.16	1.22	1.28	1.34	1.41	1.48	1.55	1.63

```
# put_ammount_array와 동일한 크기의 bond_array를 만든다.
bond_array=np.zeros_like(put_ammount_array)
# 가장 마지막 가치는 bond_array와 put_ammount_array가 동일하다.
bond_array[-1]=put_ammount_array[-1]

# 마지막 번째에서 1개 노드 하나 앞에부터 for-loop 생성
for i in reversed(range(node_count-1)):
    bond_array[i]=bond_array[i+1] /(1+kd_forward_array[i+1])

print(bond_array)

#출력:

"""
[ 99477.73357059 104461.56802248 109705.53873721 115223.72733569
121031.00319341 127143.06885468 133576.50813872 140348.83710136
147478.5580261 154985.21662963 162889.46267774]
"""
```

그리고, 이러한 상환청구를 할 수 있는 사채를 보유한다는 가정하에 사채가치를 구해준다. 사채가치는 만기시점의 상환청구금액으로부터 각 시점별 kd 선도이자율을 통해서 산출한다. 따라서, 맨 마지막 노드의 사채가치는 마지막 노드의 상환청구금액과 같으며, for-loop를 가장 마지막 시점의 하나 앞 노드순서부터 구할 수 있도록 reversed 메소드를 활용하여 for-loop를 마지막 전 노드부터 순차적으로 해당 기간의 kd 선도이자율을 통해서 사채가치 배열을 산출한다.

시점	0	1	2	3	4	5	6	7	8	9	10
노드시점별 가치	9,957	10,455	10,979	11,530	12,110	12,720	13,363	14,039	14,751	15,500	16,289
할인율		5.00%	5.01%	5.02%	5.03%	5.04%	5.05%	5.06%	5.07%	5.08%	5.09%
노드 시점별 현가계수		0.9524	0.9523	0.9522	0.9521	0.9520	0.9519	0.9518	0.9517	0.9517	0.9516

Step 4: 주가이항트리 생성

```
# 노드개수만큼의 0으로 이루어진, n×n 행렬생성
stock_binomial_tree=np.zeros((node_count, node_count))

# 가장 첫 번째 노드에 기초자산주가 설정
stock_binomial_tree[0, 0]=s

# 2번째 노드부터 마지막 노드까지 순차적으로 실행되는 for-loop 실행
for i in range(1, node_count):
    # 상승노드의 경우, 상승계수만 반영
    stock_binomial_tree[0, i]=stock_binomial_tree[0, i-1] * u
    # 하락노드
    stock_binomial_tree[1:i+1, i]=stock_binomial_tree[:i, i-1] * d

# 11×11 배열 중, 앞 3×3 배열 출력
print(stock_binomial_tree[:3, :3])

# 출력:
"""
[[100000. 129046.16208729 166529.11949459]
 [ 0. 77491.64979611 100000. ]
 [ 0. 0. 60049.55788123]]
"""
```

주가이항트리를 그리기 위하여, node_count를 이용하여, 11×11의 크기를 가진 stock_binomial_tree를 생성한다.

첫 번째 노드에 기초자산가격을 넣고, 2번째 노드부터 마지막 노드까지 순차적으로 for-loop를 실행하여 상승계수와 하락계수를 적용하여, 주가이항트리를 만든다.

주가이항트리를 자세하게 그리는 방법은 본 장의 "5.1 주가이항모형"을 참고 바란다.

Step 5: GS Valuation

GS 가치평가는 TF 가치평가와 달리, 현금흐름을 지분가치와 부채가치로 나누는 것이 아니라, 전환, 상환, 보유에 따른 무위험할인율과 위험할인율을 위험중립확률(p, q)로 가중평균하는 점이 다른점이다. GS 가치평가의 수행은 TF와 동일하게 아래 3단계로 나뉘게 된다.

Step 5.1: GS 가치평가 위한 필요변수 설정
Step 5.2: 마지막 시점에서의 의사결정
Step 5.3: 마지막 시점 이전 시점부터 현재시점까지 백워데이션을 통한 가치평가

Step 5.1: GS 가치평가 위한 필요변수 설정

```
# decision_tree: 의사결정트리
# discount_factor_tree: 할인율 트리
# gs_value_tree: gs 가치트리
# holding_value_tree: gs 가치트리에서 전 노드 보유가치

decision_tree=np.zeros_like(stock_binomial_tree)
discount_factor_tree=np.zeros_like(stock_binomial_tree)
gs_value_tree=np.zeros_like(stock_binomial_tree)
holding_value_tree=np.zeros_like(stock_binomial_tree)
```

아래와 같이 4개의 변수를 주가이항모형변수와 같은 모양의 ndarray를 생성해준다.

- decision_tree : 의사결정트리
- gs_value_tree : gs 가치트리
- discount_factor_tree : 할인율 트리
- holding_value_tree : gs 가치트리에서 전 노드 보유가치

Step 5.2: 마지막 시점에서의 의사결정

```
# 가장 마지막 값을 업데이트
gs_value_tree[:, -1]=np.maximum(stock_binomial_tree[:, -1], bond_array[-1])
```

마지막 시점에서는 전환의사결정과 상환의사결정 중 각 노드별로 더 큰 가치를 선택할 수 있기에, np.maximum 메소드를 통해서, stock_binomial_tree와 bond_array의 값을 비교하여, 마지막 시점의 노드가치를 채워넣는다.

```
# 가장 마지막 값이 전환트리랑 똑같다면, 1, 아니면 0
decision_tree[:, -1]=np.where(gs_value_tree[:, -1]==stock_binomial_tree[:, -1], 1, 0)
```

마지막 값이 전환의사결정이냐 상환의사결정이냐에 따라서, decistion_tree의 값을 업데이트한다. 만약, 전환의사결정이라면 1, 상환의사결정이라면 0으로 초기화한다.

```
# 가장 마지막의 할인율 업데이트
# if 전환: rf, if 상환: kd
discount_factor_tree[:, -1]=np.where(decision_tree[:, -1]==1, rf, kd_forward_array[-1])
```

의사결정트리가 1인 경우라면, discount_factor_tree에 rf를 업데이트하고, 의사결정트리가 0이라면, kd 값을 초기화한다.

(참고) 이번 가치평가 실습상에서 무위험이자율을 단일 이자율로 사용하였지만, 실무에서는 해당기간의 선도 무위험이자율을 사용하여야 한다.

Step 5.3: 마지막 시점 이전 시점부터 현재시점까지 백워데이션을 통한 가치평가

1. t시점의 holding_value를 업데이트한다.
2. t시점의 holding_value(보유가치), stock_binomial(전환가치), bond_array(사채보유가치), put_ammount_array(상환가치) 값을 비교하여 가장 큰 값으로 gs_value_tree(gs 가치)의 값을 채운다.
3. t시점의 gs_value_tree(gs 가치)를 통해서 decision_tree(의사결정트리)를 업데이트한다.
4. decistion_tree(의사결정트리)에 따라 T시점의 이자율을 업데이트한다.
    - if 전환: rf
    - elif 상환: kd
    - else: t+1시점의 discount factor * t+1시점의 decision_tree의 확률

위 4단계를 위한 코드는 아래와 같다. 아래 코드는 복잡하기 때문에, 먼저 전체 코드에 대한 내용을 보여준 후, 위에서 설명한 4단계를 각각 설명한다.

```
for t in reversed(range(gs_value_tree.shape[1]-1)):

    # t시점의 holding value를 업데이트한다.
    holding_value_tree[:t+1,t]=(gs_value_tree[:t+1,t+1]*p*np.exp(-discount_factor_tree
            [:t+1,t+1])+ gs_value_tree[1:t+2, t+1] * q * np.exp(-discount_factor_tree[1:t+
            2, t+1]))

    # t시점의 rcps value를 업데이트한다.
    gs_value_tree[:t+1,t]=np.maximum(np.maximum(np.maximum(stock_binomial_tree
            [:t+1,t],bond_array[t]), put_ammount_array[t]),holding_value_tree[:t+1, t])

    # t시점의 rcps value로부터 상환 전환 보유 의사결정을 업데이트한다.
    decision_tree[:t+1, t]=np.where(gs_value_tree[:t+1, t]==stock_binomial_tree[:t+1, t], 1,
             np.where(gs_value_tree[:t+1, t]==put_ammount_array[t], 0,
             decision_tree[:t+1, t+1] * p+decision_tree[1:t+2, t+1] * q))

    # 의사결정트리에 discount factor tree를 업데이트한다.
```

```
# if 전환: rf, if 상환: kd else: t+1시점의 discount factor * t+1시점의 decision_tree의 확률
discount_factor_tree[:t+1, t]=np.where(decision_tree[:t+1, t]==1, rf,
        np.where(decision_tree[:t+1,t]==0,kd_forward_array[t],
        (decision_tree[:t+1,t]*rf)+((1decision_tree[:t+1,t]) * kd_forward_array[t])))
```

1. t시점의 holding value를 업데이트한다.

```
# t시점의 holding value를 업데이트한다.
holding_value_tree[:t+1,t]=(gs_value_tree[:t+1,t+1]*p*np.exp(-discount_factor_tree[:t+
1,t+1])+ gs_value_tree[1:t+2, t+1] * q * np.exp(-discount_factor_tree[1:t+2, t+1]))
```

t시점의 holding value(보유가치)를 계산하기 위해서는 t+1시점의 gs value tree(gs 가치트리)의 값과 discount_factor_tree(할인율 트리)가 필요하다.

t+1 시점

gs value tree(gs 가치트리)의 윗노드 값 * p *exp(-discount_factor_tree의 윗 노드 할인율)

gs value tree(gs 가치트리)의 아랫노드 값 * q *exp(-discount_factor_tree의 아랫노드 할인율)

위 산식을 도식화한 내용은 아래와 같다.

(참고) 아래 도식화한 내용의 숫자들은 임의의 숫자이므로 계산방식만 참고바란다.

Holding Value(보유가치)

t
(10,000 * p) * exp(-1.5%)+(5,000 * q) * exp(-3.25%)
(5,000* p) * exp(-3.25%)+(2,500 * q) * exp(-5%)
…

GS Value Tree(GS 가치)

t+1
10,000
5,000
2,500
…

discount_factor_tree(이자율)

t+1
1.5%
3.25%
5%
…

Holding Value(보유가치)

t
(10,000 * p) * exp(−1.5%)+(5,000 * q) * exp(−3.25%)
(5,000* p) * exp(−3.25%)+(2,500 * q) * exp(−5%)
…

GS Value Tree(GS가치)

t+1
10,000
5,000
2,500
…

discount_factor_tree(이자율)

t+1
1.50%
3.25%
5.00%
…

2. t시점의 holding_value(보유가치), stock_binomial(전환가치), bond_array(사채보유가치), put_ammount_array(상환가치) 값을 비교하여 가장 큰 값으로 gs_value_tree(gs 가치)의 값을 채운다.

```
# t시점의 gs value를 업데이트한다.
gs_value_tree[:t+1,t]=np.maximum(np.maximum(np.maximum(stock_binomial_tree[:t+
1,t],bond_array[t]), put_ammount_array[t]), holding_value_tree[:t+1, t])
```

np.maximum을 중첩하여 사용하여 해석이 어려울 수 있는데, 결국 t시점의 Max(보유가치, 사채보유가치, 전환가치, 상환가치)를 통해서 가장 큰 값으로 의사결정을 하는 과정이다.

3. t시점의 gs_value_tree(gs 가치)를 통해서 decision_tree(의사결정트리)를 업데이트한다.

```
# t시점의 rcps value로 부터 상환 전환 보유 의사결정을 업데이트한다.
decision_tree[:t+1, t]=np.where(gs_value_tree[:t+1, t]==stock_binomial_tree[:t+1, t], 1,
 np.where(gs_value_tree[:t+1, t]==put_ammount_array[t], 0,
 decision_tree[:t+1, t+1] * p+decision_tree[1:t+2, t+1] * q))
```

t시점의 decistion_tree를 업데이트한다. t시점의 gs_value_tree가 전환가치와 같은 경우는 1, 상환가치와 같은 경우에는 0, 그 외에는 t+1시점의 decistion_tree 값을 위험중립확률(p, q)로 가중평균한다.

4. decistion_tree(의사결정트리)에 따라 t시점의 discount_factor_tree(할인율트리)를 업데이트한다.
   - if 전환: rf
   - elif 상환: kd
   - else: t+1시점의 discount_factor_tree * t+1시점의 decistion_tree

```
# 의사결정트리에 discount factor tree를 업데이트한다.
# if 전환: rf, if 상환: kd else: t+1시점의 discount factor * t+1시점의 decision_tree의 확률
discount_factor_tree[:t+1, t]=np.where(decision_tree[:t+1, t]==1, rf,
np.where(decision_tree[:t+1,t]==0,kd_forward_array[t],
(decision_tree[:t+1,t]*rf)+((1decision_tree[:t+1,t]) * kd_forward_array[t])))
```

*t*시점의 decistion_tree 값을 따라서, discount_factor를 업데이트한다. 아래 표에 따라서, 업데이트된다. decision_tree 값이 1 혹은 0이 아닌 경우, rf와 kd가 가중평균되는 것이다.

decsition tree 값	t시점의 discount_factor_tree
1	rf
1<decision_tree<0	t+1 시점의 discount_factor_tree * t+1 시점의 decision_tree
0	kd

이렇게 t시점부터 0시점인 현재시점까지 for-loop를 완료하고 나면, 현재시점의 첫 번째 노드가 GS모형으로 평가한 파생상품의 가치이다.

```
gs_value_tree[0,0]

#출력:
"""
127819.63808250453
"""
```

Step 6: 엑셀로 결과 추출하기

파이썬 코드로 수행한 GS 가치평가를 엑셀 결과로 추출하는 방법은 pandas 모듈의 to_excel 등의 메소드를 이용하면 된다.

단, 평가결과를 보다 자세하게 보여주기 위하여, 아래와 같이 여러 변수들을 담은 엑셀을 만드는 실습을 한다.

- stock_binomial_tree : 주가이항과정
- put_ammount_array : 상환가능금액
- bond_array : 사채가치
- decision_tree : 의사결정트리
- discount_factor_tree : 할인율트리
- holding_value_tree : 보유가치트리
- gs_value_tree : gs 가치트리

엑셀 추출 예제

```
excel_data={
"stock_binomial_tree": stock_binomial_tree,
"put_ammount_array": put_ammount_array,
"bond_array": bond_array,
"decision_tree": decision_tree,
"discount_factor_tree": discount_factor_tree,
"holding_value_tree": holding_value_tree,
"gs_value_tree": gs_value_tree,
}
```

"시트명" : 데이터 형식으로 excel_data라고하는 새로운 딕셔너리를 만든다.

```
excel_path="Ch2.1_GoldmanSachs.xlsx"

with pd.ExcelWriter(excel_path, engine='xlsxwriter') as writer:
    # 데이터프레임을 엑셀 파일에 저장할 때, 시트 이름을 지정하여 새로운 시트를 추가한다.
    for key in excel_data.keys( ):
        result_df=pd.DataFrame(excel_data[key])
        result_df.to_excel(
            writer, sheet_name=key, index=True)
```

Excel 파일의 경로를 현재 디렉토리의 "Ch2.1_GoldmanSachs.xlsx"으로 설정한 후,

with pd.ExcelWriter(excel_path, engine='xlsxwriter') as writer:

코드를 통해서, "Ch2.1_GoldmanSachs.xlsx" 이 경로에 엑셀값을 쓸 수 있는 writer 객체를 만들어준다.

그리고 excel_data의 key값을 for-loop로 순회하면서, 그 키 값에 해당하는 데이터를 데이터프레임으로 만들고, 이를 to_excel 메소드를 통해서 key값이 시트 이름이고, 그 시트에 데이터프레임들을 업데이트한다.

그 결과로 아래와 같이 11×11 크기를 가진 평가결과를 담은 엑셀을 만들 수 있다. 이 엑셀시트에는 위에서 정의한 아래 값들이 전부 들어있게 된다.

- stock_binomial_tree : 주가이항과정
- put_ammount_array : 상환가능금액
- bond_array : 사채가치
- decision_tree : 의사결정트리
- discount_factor_tree : 할인율트리
- holding_value_tree : 보유가치트리
- gs_value_tree : gs 가치트리

이러한 방식과 동일하게 다음에 다룰 가치평가모형의 결과들도 엑셀로 추출할 수 있다.

6.2 Tsiveriotis-Fernandes모형

실습파일: “2.2 Tsiveriotis-Fernandes.ipynb”

Tsiveriotis-Fernandes모형을 활용하여 파생상품평가를 위해 계산구조를 생각해보면, 아래와 같이 나눌 수 있다.

- Step 1: 날짜 배열 생성
- Step 2: 부트스트래핑을 사용하여 위험이자율과 무위험이자율의 현물이자율 및 선도이자율 계산
- Step 3: 상환전환우선주 상환금액 트리 생성(주계약/put)
- Step 4: 주가이항트리 생성
- Step 5: TF Valuation(Pay-off)
- Step 6: 엑셀로 결과 추출하기

이전 절에서 다룬 GS 기반 가치평가와 Step 1~Step 4는 정확히 동일한 코드이며, 다른 점은 Step 5이기에 본절에서는 Step 5를 중점적으로 다룬다. Step 1~Step 4, Step 6 코드는 깃허브 저장소의 코드를 참고하기를 바란다.

Step 5: TF Valuation

TF 가치평가는 GS 가치평가와 동일하게 아래 3단계로 나뉘게 된다.

Step 5.1: TF 가치평가 위한 필요변수 설정

Step 5.2: 마지막 시점에서의 의사결정

Step 5.3: 마지막 시점 이전 시점부터 현재시점까지 백워데이션을 통한 가치평가

Step 5.1: TF 가치평가를 위한 필요변수설정

필요변수 추가

```
decision_tree=np.zeros_like(stock_binomial_tree)
tf_value_tree=np.zeros_like(stock_binomial_tree)
equity_value_tree=np.zeros_like(stock_binomial_tree)
debt_value_tree=np.zeros_like(stock_binomial_tree)
equity_holding_value_tree=np.zeros_like(stock_binomial_tree)
debt_holding_value_tree=np.zeros_like(stock_binomial_tree)
holding_value_tree=np.zeros_like(stock_binomial_tree)
```

아래와 같이 7개의 변수를 주가이항모형변수와 같은 모양의 ndarray를 생성해준다.

decision_tree: 의사결정트리

tf_value_tree: tf 가치트리

equity_value_tree: equity 가치트리

debt_value_tree: debt 가치트리

equity_holding_value_tree: equity 보유가치트리

debt_holding_value_tree: debt 보유가치트리

holding_value_tree: equity+debt 보유가치트리

Step 5.2: 마지막 시점에서의 의사결정

마지막 시점에서의 tf 가치평가: max(전환의사결정, 상환의사결정)

```
# 가장 마지막 시점의 값을 업데이트
# max(전환가치, 부채가치)
tf_value_tree[:, -1]=np.maximum(stock_binomial_tree[:, -1], bond_array[-1])
```

마지막 시점에서는 전환의사결정과 상환의사결정 중 각 노드별로 더 큰 가치를 선택할 수 있기에, np.maximum 메소드를 통해서, stock_binomial_tree와 bond_array의 값을 비교하여, 마지막 시점의 노드가치를 채워넣는다.

참고로, tf_value_tree[:, −1] 의 의미는 가장 마지막 시점(−1)에서의 모든 데이터를 선택한다는 의미이다.

마지막 시점에서의 의사결정트리 업데이트

```
# 가장 마지막 값이 전환트리랑 똑같다면, 1 아니면 0
decision_tree[:, -1]=np.where(tf_value_tree[:, -1]==stock_binomial_tree[:, -1], 1, 0)
```

마지막 값이 전환의사결정이냐 상환의사결정이냐에 따라서, decistion_tree의 값을 업데이트한다. 만약, 전환의사결정이라면 1, 상환의사결정이라면 0으로 초기화한다.

마지막 시점의 지분가치 및 부채가치 업데이트

```
# 만약, decision_tree 값이 1인 경우, equity_value 값은 주식가치 그렇지 않은 경우 0
# 만약, decision_tree 값이 0인 경우, debt_value 값은 부채가치 그렇지 않은 경우 0
equity_value_tree[:, -1]=np.where(decision_tree[:, -1]==1, stock_binomial_tree[:, -1],0)
debt_value_tree[:, -1]=np.where(decision_tree[:, -1]==0, bond_array[-1],0)
```

의사결정트리가 1인 경우라면, equity_value_tree에 전환가치를 업데이트하고, 의사결정트리가 0이라면, bond_array 값을 초기화한다.

Step 5.3: 마지막 시점 이전 시점부터 현재시점까지 백워데이션을 통한 가치평가

위 준비가 끝나면, 마지막 이전 시점부터 for-loop를 통해서, 아래와 같은 값 비교를 통해서 tf 가치평가를 수행한다.

다음의 코드는 아래 4단계에 해당하는 행위를 평가기준일(현재시점)까지 반복하여 TF 가치평가를 실시한다.

1. t시점의 equity_holding_value, debt_holding_value, holding_value(보유가치)를 업데이트한다.
2. t시점의 holding_value(보유가치), stock_binomial(전환가치), bond_array(사채보유가치), put_ammount_array(상환가치) 값을 비교하여 가장 큰 값으로

tf_value_tree(tf 가치)의 값을 채운다.

3. t시점의 tf_value_tree(tf 가치)를 통해서 decision_tree(의사결정트리)를 업데이트한다.
4. decistion_tree(의사결정트리)에 따라 t시점의 equity_value_tree, debt_value_tree를 업데이트한다.

위 4단계를 위한 코드는 아래와 같다. 아래 코드는 복잡하기 때문에, 먼저 전체 코드에 대한 내용을 보여준 후, 위에서 설명한 4단계를 각각 설명한다.

```
# 가장 마지막 열의 전부터 첫 번째 열까지 역방향으로 업데이트를 해야 하므로, 역순으로 반복문을 돌린다.
for t in reversed(range(tf_value_tree.shape[1]-1)):

    # t시점의 equity_holding_value, debt_holding_value, holding_value를 업데이트한다.
    equity_holding_value_tree[:t+1, t]=(equity_value_tree[:t+1, t+1] * p+equity_value_tree
[1:t+2, t+1] * q) * np.exp(-rf)
    debt_holding_value_tree[:t+1, t]=(debt_value_tree[:t+1, t+1] * p+debt_value_tree[1:t+
2, t+1] * q) * np.exp(-kd_forward_array[t+1])
    holding_value_tree[:t+1, t]=equity_holding_value_tree[:t+1, t]+debt_holding_value_
tree[:t+1, t]

    # t시점의 rcps value를 업데이트한다.
    tf_value_tree[:t+1,t]=np.maximum(np.maximum(bond_array[t],np.maximum(stock_
binomial_tree[:t+1,t],put_ammount_array[t])), holding_value_tree[:t+1, t])

    # t시점의 rcps value로부터 상환 전환 보유 의사결정을 업데이트한다.
    # 만약, t시점의 rcps value가 전환가치와 동일하다면 의사결정트리를 전환으로, 상환가치와 동
일하다면
   # 의사결정트리를 상환으로, 그 외의 경우에는 보유로 판단한다.
    decision_tree[:t+1, t]=np.where(tf_value_tree[:t+1, t] <=stock_binomial_tree[:t+1, t], 1,
    np.where(tf_value_tree[:t+1, t] <=put_ammount_array[t], 0, 0.5))

    # 의사결정트리에 따른 equity_value, debt_value를 업데이트한다.
    equity_value_tree[:t+1,t]=np.where(decision_tree[:t+1, t]==1, stock_binomial_tree[:t+
1, t],np.where(decision_tree[:t+1, t]==0, 0, equity_value_tree[:t+1, t+1] * p+equity_value_
tree[1:t+2, t+1] * q) * np.exp(-rf))
    debt_value_tree[:t+1,t]=np.where(decision_tree[:t+1,t]==1,0,np.where(decision_tree
[:t+1,t]==0, put_ammount_array[t],debt_holding_value_tree[:t+1, t]))
```

1. t시점의 equity_holding_value, debt_holding_value, holding_value(보유가치)를 업데이트한다.

```
equity_holding_value_tree[:t+1, t]=(equity_value_tree[:t+1, t+1] * p+equity_value_tree[1:t+
        2, t+1] * q) * np.exp(-rf)
debt_holding_value_tree[:t+1, t]=(debt_value_tree[:t+1, t+1] * p+debt_value_tree[1:t+2, t+
        1] * q) * np.exp(-kd_forward_array[t+1])
holding_value_tree[:t+1, t]=equity_holding_value_tree[:t+1, t]+debt_holding_value_tree[:t+1, t]
```

t시점의 equity_holding_value_tree(지분보유가치트리)는 t+1시점의 equity_value_tree의 값의 상승계수와 하락계수가 반영된 후, 1개 노드에 대한 할인율을 반영한 가치로 업데이트되므로, 상승계수가 반영되는 확률(p), 하락계수가 반영되는 확률(q)을 곱하고, t+1시점에서 t시점으로 현재가치계산을 위한 exp(−rf) 를 반영하여 계산한다.

numpy의 슬라이싱을 이용하여 아래와 같은 행위를 1줄의 코드로 표현할 수 있다.

equity_holding_value_tree[:t+1,t]=(equity_value_tree[:t+1,t+1]*p+ equity_value_tree[1:t+2, t+1] * q) * np.exp(−rf)

위 코드를 도표로 만들면 아래와 같다.

t
(10,000 * p+5,000 * q) * exp(−rf)
(5,000 * p+2,500 * q) * exp(−rf)
…

t+1
10,000
5,000
2,500
…

t
(10,000 * p+5,000 * q) * exp(−rf)
(5,000 * p+2,500 * q) * exp(−rf)
…

t+1
10,000
5,000
2,500
…

위에서 설명한 것과 마찬가지로 debt_holding_value_tree(부채보유가치트리)에서도 t+1시점의 debt_value_tree 값을 바탕으로 업데이트한다. 단, 부채보유가치트리를 계산하기 위한 이자율은 t+1시점의 kd 선도이자율이다.

이렇게 계산된 equity_holding_value_tree(지분보유가치트리)와 debt_holding_value_tree(부채보유가치트리)를 합하여 최종적으로 holding_value_tree(보유가치트리)를 구한다.

2. t시점의 holding_value(보유가치), stock_binomial(전환가치), bond_array(사채보유가치), put_ammount_array(상환가치) 값을 비교하여 가장 큰 값으로 tf_value_tree(tf 가치)의 값을 채운다.

```
tf_value_tree[:t+1,t]=np.maximum(np.maximum(bond_array[t],np.maximum(stock_binomial
_tree[:t+1,t],put_ammount_array[t])), holding_value_tree[:t+1, t])
```

np.maximum을 중첩하여 사용하여 해석이 어려울 수 있는데, 결국 t시점의 Max(보유가치, 사채보유가치, 전환가치, 상환가치)를 통해서 가장 큰 값으로 의사결정을 하는 과정이다.

3. t시점의 tf_value_tree(tf 가치)를 통해서 decision_tree(의사결정트리)를 업데이트한다.

```
decision_tree[:t+1,t]=np.where(tf_value_tree[:t+1,t]<=stock_binomial_tree[:t+1,t],1,
         np.where(tf_value_tree[:t+1, t] <=put_ammount_array[t], 0, 0.5))
```

t시점의 decistion_tree를 업데이트한다. t시점의 tf_value_tree가 전환가치와 같은 경우는 1, 상환가치와 같은 경우에는 0, 그 외는 보유이므로 0.5로 업데이트를 한다.

4. decision_tree(의사결정트리)에 따라 t시점의 equity_value_tree, debt_value_tree를 업데이트한다.

```
equity_value_tree[:t+1,t]=np.where(decision_tree[:t+1,t]==1,stock_binomial_tree[:t+1,t],
        np.where(decision_tree[:t+1,t]==0, 0,
        equity_value_tree[:t+1, t+1] * p+equity_value_tree[1:t+2, t+1] * q) * np.exp(-rf))

debt_value_tree[:t+1, t]=np.where(decision_tree[:t+1, t]==1, 0,
        np.where(decision_tree[:t+1,t]==0,
        put_ammount_array[t], debt_holding_value_tree[:t+1, t]))
```

t시점의 equity_value_tree는 의사결정트리가 1인 경우, 전환가치로 업데이트하고, 의사결정트리가 0인 경우, 상환이므로 가치를 0으로 업데이트하고, 0.5인 경우에는 t+1시점의 equity_value_tree 값을 p, q로 가중평균한 후 t+1시점에서 t시점까지 rf로 할인한 값을 업데이트한다.

t시점의 debt_value_tree는 의사결정트리가 1인 경우, 전환의사결정이므로 0으로 업데이트하고, 의사결정트리가 0인 경우, 상환이므로 가치를 상환가치로 업데이트하고, 0.5인 경우에는 t+1시점의 debt_value_tree 값을 p, q로 가중평균한 후 t+1시점에서 t시점까지 kd로 할인한 값을 업데이트한다.

위 설명을 도식화하면 아래와 같다.

decsition tree 값	t시점의 equity value	t시점의 debt value
1	전환가치	0
0.5	t+1시점의 equity value를 p,q로 가중평균 후 현재가치	t+1시점의 debt value를 p,q로 가중평균 후 현재가치
0	0	상환가치

이렇게 t시점부터 0시점인 현재시점까지 for-loop를 완료하고 나면, 현재시점의 첫 번째 노드가 TF모형으로 평가한 파생상품의 가치이다.

```
tf_value_tree[0,0]

#출력 :

"""
130795.0514503569
"""
```

6.3 Black-Derman-Toy모형

실습파일: "2.3 Black-Derman-Toy.ipynb"

Black-Derman-Toy모형을 활용하여 파생상품평가를 위해 계산구조를 생각해 보면, 아래와 같이 나눌 수 있다.

Step 1: 날짜 배열 생성

Step 2: 부트스트래핑을 사용하여 위험이자율과 무위험이자율의 현물이자율 및 선도이자율 계산

Step 3: 액면이자, 만기할증금, 조기상환청구트리, 사채가치트리 생성

Step 4: Rd를 구하기 위한 조정(Calibration) 과정

Step 5: 사채가치트리 생성

Step 6: BDT 가치평가

아래는 파생상품평가에 필요한 input 값들이다.

Step 0: Input 값 정의

```
# input
node_count=6 # 노드개수
coupon_rate=0.01 # 액면이자율
issue_price=10000 # 발행가격
spot_rates=[0.04 , 0.045, 0.05, 0.055, 0.06] # 현물이자율
yield_to_maturity=1.08 # 만기보장수익률
put_yield=1.03 # 조기상환수익률
```

```
p=0.5
q=1-p
interest_volatility=0.2. # 이자율변동성
```

해당 Input 값들은 앞선 엑셀 Black-Derman-Toy모형 실습과 동일하다.

Step 1: 날짜 배열 생성

```
import numpy as np

# 날짜배열은 0시점 ~ 5시점까지 6개 노드로 가정한다.
node_array=np.arange(0, node_count)
print(node_array)

# 출력:
"""
[0 1 2 3 4 5]
"""
```

날짜배열은 현재시점(0시점) 에서부터 만기 5년으로 총 6개 노드로 가정한다.

Step 2: 부트스트래핑을 사용하여 위험이자율과 무위험이자율의 현물이자율 및 선도이자율 계산

```
forward_rates=[spot_rates[0]]
for i in range(1, len(spot_rates)):
    t1=i+1
    t2=i
    forward_rate=((np.power((1+spot_rates[i]), t1) / np.power((1+spot_rates[i-1]), t2))-1)
    forward_rates.append(forward_rate)

# 현재시점의 이자율은 0으로 초기화한다. 다른 배열과의 크기를 맞추기 위한 과정
spot_rates.insert(0, 0)
forward_rates.insert(0, 0)

print(forward_rates)
```

```
# 출력
"""
[0, 0.04, 0.050024038461538245, 0.06007188480117254, 0.0701433111974945,
0.08023809255397985]
"""
```

첫 번째 기간의 경우에는 현물이자율과 선도이자율이 같기 때문에, 같은 값으로 초기화를 하고 이후부터 for-loop를 통해서 각 시점의 현물이자율로부터 선도이자율을 산출한다. 마지막으로 날짜배열의 크기와 현물이자율, 선도이자율 배열의 크기를 맞춰주기 위하여 현재시점의 이자율을 0%로 초기화한다. 단순히 다른 배열과의 크기를 맞추기 위한 과정이다.

Step 3: 액면이자, 만기할증금, 조기상환청구 배열 산출

```
# 액면이자율 배열 산출, 발행가×액면이자율
coupon_array=np.full(node_count, coupon_rate * issue_price)
coupon_array[0]=0

# 보장수익률을 반영한 만기시점의 만기할증금 배열 산출
maturity_ammount_array=np.zeros_like(node_array)
maturity_ammount_array[-1]=issue_price * yield_to_maturity

# 조기상환청구배열 생성, 4시점에 조기상환이 가능하다고 가정
put_ammount_array=np.zeros_like(node_array)
put_ammount_array[4]=issue_price * put_yield+coupon_array[4]
```

액면이자율, 만기할증금, 조기상환청구금액 배열을 생성한다. 각 시점의 현금흐름은 아래와 같다. 앞선 엑셀 예시와 같이 조기상환권을 행사할 수 있는 시기는 4번째 시점으로 가정한다.

시점	0	1	2	3	4	5
액면이자	–	100	100	100	100	100
만기할증금	–	–	–	–	–	10,800
조기상환청구금액	–	–	–	–	10,300	–

Step 4: Rd를 구하기 위한 조정(Calibration) 과정

Black-Derman-Toy모형에서 이자율변동성 등이 반영된 균형 이자율트리를 구하기 위한 조정(Calibration)이다. 시행착오법을 통해서 각 시점별 Rd를 구해야 하는데, 이를 위해서 scipy라고 하는 라이브러리의 fsolve 메소드를 활용해야 한다.

조정(Calibration)을 위한 구조는 아래와 같다.

1. Interest_rate_tree 생성 및 첫 번째 시점의 이자율 초기화
2. 두 번째 시점부터 마지막 시점까지 for-loop를 통해서 각 시점의 Rd를 찾는 과정을 수행한다.
   a. 각 노드시점별 이자율변동성이 반영된 "rd_step", "square_array" 등을 산출한다.
   b. 시행착오법을 위한 균형계산식을 세팅한다.
   c. fsolve 메소드를 통해서 각 노드시점별 rd의 dummy 값을 시작으로 균형 rd를 구하도록 시행착오법시행
   d. fsolve를 통해 산출된 균형 rd값을 이용하여, 각 시점별 균형이자율트리를 업데이트한다.

```
from scipy.optimize import fsolve

interest_rate_tree = np.zeros((node_count, node_count))
# 첫 번째 시점의 이자율은 첫 번째 시점의 선도이자율과 같다.
interest_rate_tree[0, 1] = forward_rates[1]

# 두 번째 시점에서 마지막 시점까지 for-loop
for i in range(2, node_count):

    # 각 시점별 조정(calibration)트리 크기를 초기화한다.
    calibration_tree = np.zeros((i - 1, i - 1))
    rd_step = np.exp(2 * interest_volatility)
    square_array = np.arange(i - 1, -1, -1)
```

```
def equation(rd):
    interest_rate_tree[:i, i]=(rd_step ** square_array) * rd

    # i보다 1개 낮은 배열로 초기화
    for j in reversed(range(1, i)):
        # 가장 마지막 노드인 경우
        if i-1==j:
            calibration_tree[:j, j-1]=(1 /(1+interest_rate_tree[:j, j+1])+
                1 /(1+interest_rate_tree[1:j+1, j+1]))*0.5
        # 가장 마지막 노드 이외의 경우
        else:
            calibration_tree[:j,j-1]=(calibration_tree[:j, j] /(1+interest_rate_tree[:j, j+1]) +
                calibration_tree[1:j+1, j] /(1+interest_rate_tree[1:j+1, j+1])) * 0.5

    return(calibration_tree[0, 0] /(1+interest_rate_tree[0, 1]))-
            (1 / np.power((1+spot_rates[i]), node_array[i]))

# 해찾기의 첫 번째 dummy값을 해당 기간의 선도이자율로 초기화한다.
rd_dummy=forward_rates[i]

# fsolve 메소드로 equation 함수를 통해서 해찾기
rd_adjusted=fsolve(equation, rd_dummy)
# 실제로 구해진 rd값을 이용하여, exp(volatility * 2)만큼 상승시킨 노드별 이자율들을 구한다.
interest_rate_tree[:i, i]=(rd_step ** square_array) * rd_adjusted
```

Step 4.1: interest_rate_tree 생성 및 첫 번째 시점의 이자율 초기화

```
interest_rate_tree=np.zeros((node_count, node_count))
interest_rate_tree[0, 1]=forward_rates[1]
```

6×6 크기의 이자율트리를 생성하고, 첫 번째 이자율에 1시점의 선도이자율로 초기화한다.

Step 4.2: 두 번째 시점부터 마지막 시점까지 for-loop를 통해서 각 시점의 Rd를 찾는 과정을 수행한다.

a. 각 노드시점별 이자율변동성이 반영된 "rd_step", "square_array" 등을 산출한다.

rd_step은 각 시점의 rd에서 1단계씩 윗 이자율 노드를 구하기 위한 값이며,

square_array의 경우에는 각 노드별로 얼마나 rd_step이 적용되어야 하는지를 계산하기 위해서 필요하다.

b. 시행착오법을 위한 균형계산식을 세팅한다.

equation 메소드의 구현부를 보면, 임의의 rd값을 이용해서 맨 마지막 시점의 이자율트리를 rd_step과 square_array를 이용해서 업데이트하고, 맨 마지막 시점부터 현재기간까지 for-loop를 통해서 균형이자율을 맞추는 산식으로 구성되어 있다.

c. fsolve 메소드를 통해서 각 노드시점별 rd의 dummy 값을 시작으로 균형 rd를 구하도록 시행착오법시행

```
rd_dummy=forward_rates[i]
rd_adjusted=fsolve(equation, rd_dummy)
```

rd값을 임의의 값으로 초기화하고 fsolve를 활용하여, equation 메소드를 통해서 rd_adjusted(균형 rd) 값을 산출한다.

d. fsolve를 통해 산출된 균형 rd값을 이용하여, 각 시점별 균형이자율트리를 업데이트한다.

```
interest_rate_tree[:i, i]=(rd_step ** square_array) * rd_adjusted
```

실제로 구해진 시점별 균형 rd값(rd_adjusted)을 이용하여 시점별 interest_rate_tree를 업데이트한다.

Step 5: 사채가치트리 생성

위에서 산출된 interest_rate_tree를 통해서, 사채가치트리를 구한다.

```
# 사채가치트리를 생성한다.
discounted_bond_tree=np.zeros_like(interest_rate_tree)

# 사채가치트리의 마지막 노드는 마지막 시점의 보장수익률이 반영된 원리금
discounted_bond_tree[:, -1]=maturity_ammount_array[-1]+coupon_array[-1]
```

```
# 마지막부터 백워데이션 방식을 통해서, 각 노드별로 이자율트리에 해당하는 이자율로 할인하여 사채
가치트리를 생성한다.
for t in reversed(range(discounted_bond_tree.shape[1]-1)):
    discounted_bond_tree[:t+1, t]=
            (discounted_bond_tree[:t+1, t+1]+discounted_bond_tree[1:t+2, t+1])* 0.5. /
                                    (1+interest_rate_tree[:t+1, t+1])+coupon_array[t]
```

마지막 시점의 경우에는 보장수익률이 반영된 원리금에 해당하는 금액을 초기화하고, 마지막 시점 이전부터 현재시점까지 for-loop를 통해서 interest_rate_tree가 반영된 discounted_bond_tree를 산출한다. 각 시점의 현물이자율과 현금흐름을 할인하여 나온 값과 discounted_bond_tree의 가장 첫 번째 노드값을 비교하여 값이 같은지 확인해야 한다.

시점	0	1	2	3	4	5
액면이자	–	100	100	100	100	100
만기할증금	–	–	–	–	–	10,800
현물이자율		4.0%	4.5%	5.0%	5.5%	6.0%
현가계수		0.9615	0.9157	0.8638	0.8072	0.7473
현재가치(시점별)	8,499.95	96.1538	91.5730	86.3838	80.7217	8145.1141

Step 6: Black-Derman-Toy 밸류에이션

이전 단계에서 구한 이자율트리(interest_rate_tree), 조기상환청구금액 배열, 일반사채 트리(discounted_bond_tree) 등을 통해서, Black-Derman-Toy모형을 통한 가치평가를 수행한다.

```
bdt_valuation_tree=np.zeros_like(discounted_bond_tree)
bdt_valuation_tree[:, -1]=discounted_bond_tree[:, -1]

for t in reversed(range(bdt_valuation_tree.shape[1]-1)):
    holding_value=(bdt_valuation_tree[:t+1, t+1]+bdt_valuation_tree[1:t+2, t+1]) * 0.5. /
                                    (1+interest_rate_tree[:t+1, t+1])+coupon_array[t]
```

```
        discounted_bond_value=discounted_bond_tree[:t+1, t]

        bdt_valuation_tree[:t+1,t]=np.maximum(holding_value,
                                    np.maximum(put_ammount_array[t], discounted_bond_value))

print(bdt_valuation_tree[:3,:3])

# 출력:
"""
[[8696.8410545 8727.81474907 8879.43430433]
[ 0. 9361.61464428 9411.69033986]
[ 0. 0. 9856.64170515]]
"""
```

가장 마지막 시점의 가치는 일반사채가치와 같기 때문에, 마지막 시점의 가치를 일반사채가치로 초기화를 한다. 그리고 마지막 시점 이전부터 현재시점까지 보유를 하거나, 조기상환권을 행사를 하는 것이 유리한 상황 등을 각 시점별로 고려하여 가치평가를 수행한다.

APPENDIX

부록에서는 실무에서 활용하는 공식과 방법론들에 대하여 그 수학적인 설명과 배경을 기술할 것이다. 블랙 – 숄즈 – 머튼의 옵션가치평가 방법을 사용할 때, 이 공식이 어떻게 유도되었는지 궁금하다면 5절을 읽어보자. 또, 블랙 – 숄즈 – 머튼 모형의 기본 가정인 기하 브라운 운동은 무엇이고, 주가의 행태를 설명하는 데 쓰이는 위너과정(브라운 운동)과 이토과정이 무엇인지 궁금하다면, 1~4절을 읽어 보자. 또한 파생상품의 가치평가를 할 때 위험중립가치평가를 하게 되는데, 이러한 위험중립세계에서의 가치평가를 가능하게 만들어 주는 배경인 걸사노프 정리와 위험중립세계가 8~9절에 서술되어 있다. 이처럼 실무에서 다루는 방법론들의 수학적 배경이 어떻게 되는지 관심이 있는 독자들은 부록을 읽어보길 바란다.

랜덤워크과정 01

랜덤워크과정(Random Walk Process)은 주가의 움직임을 모델링하는 데에 있어 가장 기본이 되는 과정이다. 주가의 움직임을 공정한 동전 던지기 혹은 취객의 움직임과 같이 랜덤하게 움직인다고 보는 것이다. 즉, 주식의 상승 확률과 하락 확률이 동일하고, 변동폭 또한 일정한 과정을 의미한다. [그림 1]은 랜덤워크과정을 1,000번 반복하여 나온 값들을 더한 것인데 주식의 차트와 매우 흡사한 것을 볼 수 있다.

랜덤워크과정은 위너과정으로 확장시킬 수 있고(2절), 위너과정은 이토과정으로 확장할 수 있다(3절). 또한, 우리는 이를 통해, 블랙 – 숄즈 – 머튼 미분방정식을 유도할 수 있다(5절).

랜덤워크과정을 위너과정으로 확장시키기 위해선 몇 가지 절차를 거쳐야 한다. 랜덤워크과정을 계속 반복하여 더해서 대칭랜덤워크과정(Symmetric Random Walk)으로 만들 것이고, 이 대칭랜덤워크과정을 $1/\sqrt{n}$으로 스케일을 조정하여 스

그림 1 **랜덤워크과정의 누적 합 그래프**

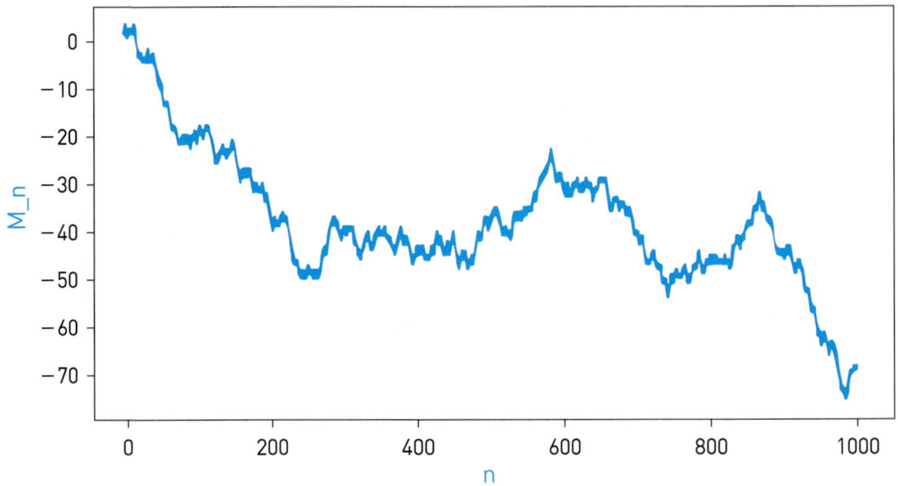

케일된 대칭랜덤워크과정(Scaled Symmetric Random Walk)을 만들 것이다. 이때, 이 n을 키워 무한으로 보내면 위너과정 혹은 브라운 운동이 된다. 이제 보다 자세한 내용을 살펴보자.

1.1 랜덤워크과정(Random Walk Process)

랜덤워크과정(Random Walk Process)은 취객의 움직임이나 동전 던지기와 같이 앞의 사건과 상관 없이 무작위로 진행되는 과정을 의미한다.

앞면, 뒷면이 나올 확률이 0.5로 동일한 공정한 동전 던지기(fair coin)를 생각해 보자. 공정한 동전은 각각의 시행이 독립이고, 앞면, 뒷면이 나올 확률이 각각 0.5로 동일한 동전을 의미한다. 던져서 앞면이 나오면 +1, 뒷면이 나오면 −1의 값을 갖는다고 해보자. 랜덤변수 X_j를 j번째 동전 던지기에서 나온 값이라고 할 때, 이를 식으로 표현하면 아래와 같다($j=1, 2, 3, \cdots$).

$$X_j = \begin{cases} 1, & \omega_j = Head \\ -1, & \omega_j = Tail \end{cases}$$

앞면, 뒷면이 나올 확률은 각각 0.5이고, 모든 j에 대해서,

X_j의 기댓값은 $E[X_j]=0.5\times1+(1-0.5)\times(-1)=0$이고, 분산은 $Var[X_j]=E[X_j^2]-E[X_j]^2=1-0^2=1$이 된다($X_j^2=1$이므로 $E[X_j^2]=1$). 또한, 동전 던지기의 각 시행은 서로의 결과에 영향을 미치지 않는 독립적인 과정이다. 랜덤워크과정은 아래와 같은 특성을 갖는다.

1. X_j의 기댓값은, $E[X_j]=0$
2. X_j의 분산은, $Var[X_j]=1$
3. 서로 다른 i, j에 대하여 X_i, X_j는 독립

이제 이 랜덤변수 X_j들을 계속 반복하여 더해주면, 대칭랜덤워크과정(Symmetric Random Walk)이 된다.

1.2 대칭랜덤워크(Symmetric Random Walk)

위의 랜덤워크과정을 n번 동안 계속 반복한다고 생각해보자. 그러면 $j=1, 2, 3, \cdots, n$에 대해, 서로독립인 랜덤변수 X_j들이 있을 것이다. 그리고 이 X_j들을 k번 더한 값을 M_k라 하자. 이때, 초기 값 $M_0=0$이라고 하자.

그러면 아래와 같이 쓸 수 있다.

$$M_k=\sum_{j=1}^{k}X_j$$

이 M_k를 대칭랜덤워크(Symmetric Random Walk)라고 한다. 대칭랜덤워크를 그래프로 그린 것이 앞의 [그림 1]이다. 이는 랜덤하게 얻어진 그래프로 그릴 때마다 서로 다른 그래프를 얻게 될 것이다.

대칭랜덤워크의 특성은 아래와 같다($0=k_0<k_1<k_2<\cdots<k_m=n$).

1. 각 증분(increment) $M_{k_1}-M_{k_0}$, $M_{k_2}-M_{k_1}$, $\cdots$, $M_{k_m}-M_{k_{m-1}}$은 서로 독립
2. 각 증분들의 평균 $E[M_{k_i}-M_{k_{i-1}}]=0$

3. 각 증분들의 분산 $Var[M_{k_i}-M_{k_{i-1}}]=k_i-k_{i-1}$
4. 대칭랜덤워크는 마팅게일 과정(Martingale Process)이다.

마팅게일 과정은 7절에서 더 자세히 다루어 보자.

[그림 1]과 같이 대칭랜덤워크는 주가의 랜덤한 움직임을 어느 정도 설명할 수 있어 보인다. 그러나, 실제 주가는 시간에 따라 연속적으로 움직인다. 위에서 다룬 내용들은 어떤 연속적(continuous)인 시간에 대한 과정이 아니라 이산적(discrete)인 시간에 대한 과정이다. 이산과 연속의 개념은 사람의 수와 사람의 키를 생각해보면 된다. 사람의 수는 1명, 2명, 3명… 과 같이 1과 2 사이에 어떠한 수도 오지 않는다. 이는 이산의 개념이다. 반면에 키는 160cm와 180cm 사이에 160.123, 171.222 등 무수히 많은 수가 존재한다. 이것이 연속의 개념이다. 지금까지 우리가 다룬 것은 이산적인 시간에 대한 확률과정이고 다음 장에서 이를 연속적인 시간에 적용할 수 있게 확장시킬 것이다.

1.3 스케일된 대칭랜덤워크(Scaled Symmetric Random Walk)

주가에 이러한 과정들을 적용하기 위해선, 연속적인 시간에 대한 확률과정이 필요하다. 위의 대칭랜덤워크과정은 이산적인 시간에 대한 과정이고, 우리가 필요한 것은 연속적인 시간에 대한 과정이다. 따라서 연속적인 시간에 대한 과정인 위너과정(브라운 운동)으로 확장시키기 위해 우리는 스케일된 대칭랜덤워크(Scaled Symmetric Random Walk)를 정의할 것이다. 우선, 앞 장의 대칭랜덤워크를 $\sqrt{n}$으로 나누어 주자. 그러면 우리는 아래 식을 얻을 수 있다.

$$W^{(n)}(t)=\frac{M_{[nt]}}{\sqrt{n}}$$

위 $W^{(n)}(t)$가 스케일된 대칭랜덤워크이다. $[nt]$는 가우스 기호로 nt보다 작은 정수 중, 가장 큰 정수를 의미한다. 근사적으로 $[nt]$를 정수 nt로 간주해도 무방

그림 2 $W^{(1000)}(0.25)$와 normal curve $y=\frac{2}{\sqrt{2\pi}}e^{-2x^2}$ 그래프

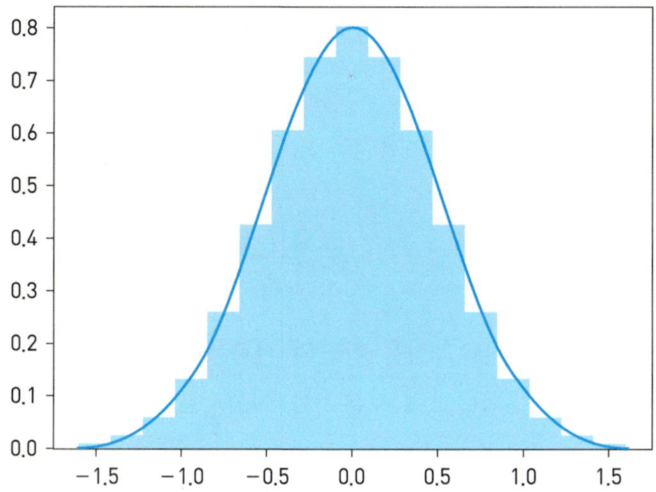

하다. $\sqrt{n}$으로 나누어 준 이유는 이렇게 나누었을 때, $W^{(n)}(t)$의 분산이 t가 되기 때문이다. 이러면, 위너과정과 그 분산이 같아진다.

이 때, n을 매우 크게 키우면 $W^{(n)}(t)$의 분포는 중심극한정리에 의해 정규분포로 근사할 수 있다. [그림 2]를 보면 $n=1000$일 때, 정규분포의 모양과 거의 비슷한 것을 볼 수 있다. n을 더 키우게 되면 정규분포의 모양과 거의 같게 될 것이다. 이처럼 n이 커질수록 정규분포에 가까워지는 것을 중심극한정리라고 한다.

스케일된 대칭랜덤워크의 특성은 아래와 같다($t>s>0$에 대해).

1. $W^{(n)}(0)=\frac{M_0}{\sqrt{n}}=0$($n$은 어떤 양수)
2. $W^{(n)}(t)$는 연속(continuous)이 아님
3. $E[W^{(n)}(t)-W^{(n)}(s)]=0,\ Var[W^{(n)}(t)-W^{(n)}(s)]=t-s$
4. 두 랜덤변수 $W^{(n)}(s)$와 $W^{(n)}(t)-W^{(n)}(s)$는 서로 독립
5. $W^{(n)}(t)$는 n이 매우 클 때, 정규분포로 근사 가능

스케일된 대칭랜덤워크에서 n을 더 크게 하여, $n \to \infty$로 보내면, 중심극한정리에 의해 $W^{(n)}(t)$는 정규분포 $N(0,\ t)$를 따르고, 위너과정(브라운 운동)과 같게 된다. 여기서 $N(0,\ t)$는 평균이 0 분산이 t인 정규분포를 뜻한다.

02 위너과정 or 브라운 운동

위 1절에서와 같이 랜덤워크과정을 일련의 절차를 거쳐 위너과정으로 확장시킬 수 있음을 알아보았다. 위너과정은 물리학에서는 브라운 운동으로도 불린다. 위너과정에 대해 더 자세하게 살펴보자.

2.1 위너과정(Wiener Process)

위너과정(Wiener Process) 또는 브라운 운동은 아래 특성을 만족하는 확률과정을 의미한다.

1. $W(0)=0$
2. $W(t)$는 연속($t \geq 0$에 대해)
3. $0=t_0<t_1<t_2<t_3<\cdots<t_n$에 대해서, 각 증분 $W(t_1)-W(t_0)$, $W(t_2)-W(t_1)$, $\cdots$, $W(t_n)-W(t_{n-1})$은 서로 독립이다. 또, 각 증분 $W(t_j)-W(t_{j-1})$은 평균 0, 분산 t_j-t_{j-1}을 갖는다($j=0,\ 1,\ 2,\ \cdots,n$).

우리가 이 중 중요하게 알아두어야 할 것은 위너과정 $W(t)$는 평균을 0, 분산을 t로 갖는 정규분포를 따른다는 것이다. 표기는 $W(t) \sim N(0, t)$로 쓸 수 있다.

2.2 일반화된 위너과정(Generalized Wiener Process)

위너과정 $W(t)$는 평균이 0, 분산이 t이기 때문에, 시간이 아무리 경과하여도 기댓값은 0으로 일정하고, 분산만 커지게 된다. 이는 우리가 일반적으로 알고 있는 자산들의 가격이 시간이 지남에 따라 상승하는 것을 설명하긴 어렵다. 이러한 상승을 설명하기 위해서 우리는 새로운 개념 drift rate과 diffusion rate을 알아야 한다. 확률과정 x는 아래와 같이 미분 형식으로 표현할 수 있다. drift rate은 아래 식처럼 시간에 따른 변화율을 뜻한다. diffusion rate은 위너과정에 의한 변동성을 의미한다.

$$dx = (drift\ rate)dt + (diffusion\ rate)dW$$

일반화된 위너과정은 drift rate과 diffusion rate이 모두 상수이다. drift rate을 상수 a, diffusion rate을 상수 b라고 하면, 아래와 같이 쓸 수 있다.

$$dx = adt + bdW$$

즉, 일반화된 위너과정은 시간에 따라 변하는 변화(adt)와 위너과정에 의한 변동성(bdW)을 더한 것이다.

그림 3 일반화된 위너과정(a = 0.15, b = 1.5)

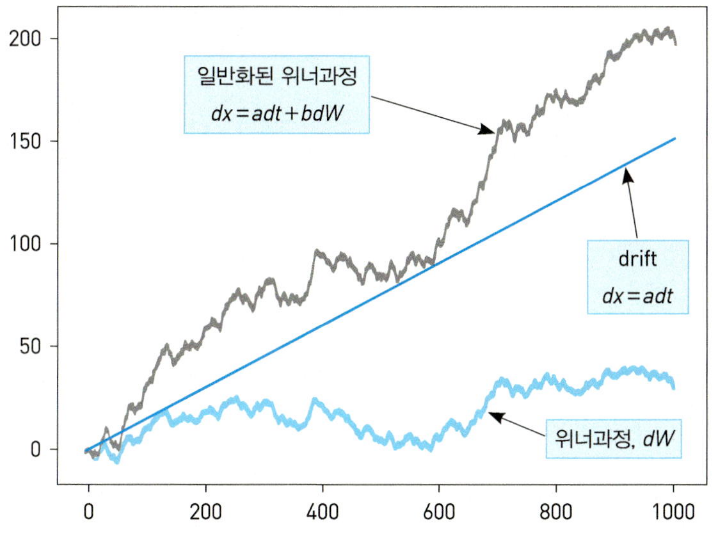

[그림 3]은 일반화된 위너과정을 drift term과 diffusion term으로 쪼개서 같이 그린 그래프이다. 그래프를 보면, 위너과정은 0 근처에 머물러 있는 반면, 일반화된 위너과정은 어떤 추세(drift)를 따라가면서 변동하는 것을 볼 수 있다. 이는 주가의 움직임을 설명하는 데에 있어 더 합리적으로 보인다.

하지만 일반화된 위너과정 역시, 주가를 설명하기에는 한계가 있다. Diffusion rate을 잠시 무시했을 때, 주가의 drift rate이 상수 a로 고정되어 있기 때문에, “주식 가격의 시간에 따른 변화량이 일정하다.”라고 해석할 수 있다. $a=10$(원/년)인 경우, 주가가 100원에서 1년이 지나면 10원 상승할 것이고, 주가가 1,000원이 되었을 때도 1년이 지나면 10원 상승하게 될 것이다. 그런데 이보다는 “주식의 수익률의 시간에 따른 변화가 일정하다.”로 접근하는 것이 더 적합하다. 예를 들면, $a=10$(%/년)인 경우, 주가가 100원일 때 1년이 지나면 10%인 10원 상승하고, 1,000원일 때 1년이 지나면 10%인 100원 상승한다고 보는 것이 주식시장엔 더 합리적으로 보인다. 그렇기 때문에 우리는 drift rate와 diffusion rate가 더 이상 상수가 아니라 함수로 이루어진, 일반화된 위너과정에서 더 확장된 과정인 이토과정에 대해 알아볼 것이다.

03 이토과정과 이토의 보조정리

3.1 이토과정(Ito Process)

이토과정(Ito process)은 위 일반화된 위너과정을 더욱 확장시킨 과정이다. drift rate와 diffusion rate가 더 이상 상수가 아니고 시간 t와 기초변수 x에 대한 함수이다. 즉 아래와 같은 식으로 쓸 수 있다.

$$dx = a(x, t)dt + b(x, t)dW$$

이토과정의 한 예로는 추후 기술할 기하 브라운 운동이 있다. 또한, 위에서 알아본 위너과정, 일반화된 위너과정 역시 이토과정의 한 예이다. 다음으로 알아볼 이토 보조정리는 파생상품의 가격을 평가할 수 있게 해주는 근간이 되는 정리이다.

3.2 이토 보조정리(Ito's Lemma)

이토 보조정리는 기초변수 x, 시간 t에 대한 함수인 $f(x, t)$가 있을 때, 이 식을 어떻게 표현할 수 있는지 알게 해준다. $f(x, t)$를 t시점에 기초자산 x에 대한 파생상품의 가치라 하자. 이때, 이토 보조정리를 통해 기초자산과 파생상품의 가치 사이의 관계를 알 수 있다. 아래 식은 우리가 아는 일반적인 미분방정식과는 다른데, 그 이유는 $f(x, t)$에 위너과정인 dW가 포함되어 있기 때문이다.

이토 보조정리는 아래와 같이 쓸 수 있다. 여기에서 $f_t = \frac{\partial f}{\partial t}$, $f_x = \frac{\partial f}{\partial x}$, $f_{xx} = \frac{\partial^2 f}{\partial x^2}$로 편미분을 의미한다.

$$\text{Ito's Lemma: } df(x,\ t) = f_t dt + f_x dx + \frac{1}{2} f_{xx} dx \cdot dx$$

우리가 아는 일반적인 미분 방정식은 아래와 같이 표현된다.

$$df(x,\ t) = f_t dt + f_x dx$$

위 식과의 차이점은 뒤의 $\frac{1}{2} f_{xx} dx \cdot dx$ 항이 없다는 것이다. 이는 위너과정 혹은 브라운 운동이 미분 불가능하기 때문에 추가적으로 나타나는 항이라고 대략적으로 이해하고 넘어가도록 하자. 또한, 이토과정에선 $dW \cdot dW = dt$, $dt \cdot dW = dW \cdot dt = 0$, $dt \cdot dt = 0$을 만족한다. 이는 뒤에서 사용될 것이다.

이제 우리는 위의 이토 보조정리를 통해, 파생상품을 평가할 수 있는 강력한 무기를 얻었다. 기초변수 x를 어떤 시점 t에서의 주가 $S(t)$라 하자. 그러면 $S(t)$를 기초자산으로 하는 파생상품의 가치 $f(S(t), t)$는 위 Ito's Lemma를 통해 얻은

$df(S(t), t)$를 적분하면 구할 수 있다. 그러나 이는 항상 적분이 가능한 것이 아니고, 몇 가지 특정 케이스에서만 적분을 통해 식을 구할 수 있다. 그 대표적인 예가 블랙－숄즈－머튼의 옵션가격 결정모형이다.

04 기하 브라운 운동

블랙－숄즈－머튼의 옵션가격 결정모형에서 주가는 기하 브라운 운동을 따른다고 가정한 상태로 시작한다. 그렇다면, 기하 브라운 운동은 무엇일까?

기하 브라운 운동(Geometric Brownian Motion Process)은 시간 t에 대해서, 주가를 $S(t)$, 주식의 기대수익률 μ(상수), 변동성을 σ(상수)라고 할 때, 아래와 같은 이토과정을 의미한다.

$$dS(t) = \mu S(t)dt + \sigma S(t)dW(t)$$

즉 시간에 따른 주가의 변화가 기대수익률 μ와 주식의 가격 $S(t)$에 비례하고, 주가의 표준편차는 주가의 변동성과 주가에 비례한다는 것을 의미한다. 이는 주가의 행태를 설명할 때 가장 널리 이용되는 모형이다. 양변을 $S(t)$로 나누면 아래와 같이 정리할 수 있다.

$$\frac{dS(t)}{S(t)} = \mu dt + \sigma dW(t)$$

위 식은, drift rate과 diffusion rate이 상수가 됨을 볼 수 있다. 또한, 우리는 앞장의 이토 정리를 통해 적분을 해줄 수 있다.

이토 정리를 적용하기 위해 함수 $f(x, t)$를 아래와 같이 정의하자.

$$f(x, t) = lnx$$

그러면 편미분들은, $f_x=\frac{1}{x}$, $f_{xx}=-\frac{1}{x^2}$, $f_t=0$이 된다. 이를 이토의 보조정리를 통해 df에 대해 식을 써주면,

$$df=f_t dt+f_x dx+\frac{1}{2}f_{xx}dx\cdot dx=\frac{1}{x}dx+\frac{1}{2}\left(-\frac{1}{x^2}\right)dx\cdot dx$$

$x=S$를 대입해주면, $dx\cdot dx=(\mu Sdt+\sigma SdW)\cdot(\mu Sdt+\sigma SdW)=\sigma^2S^2dt$가 되고 (3.2 참고),

$$df=dlnS=\frac{1}{S}dS-\frac{1}{2S^2}\sigma^2S^2dt=\frac{1}{S}(\mu Sdt+\sigma SdW)-\frac{1}{2S^2}\sigma^2S^2dt$$

정리해주면,

$$dlnS=(\mu dt+\sigma dW)-\frac{1}{2}\sigma^2dt=\left(\mu-\frac{1}{2}\sigma^2\right)dt+\sigma dW$$

즉, 아래와 같은 식을 얻을 수 있다.

$$dlnS=\left(\mu-\frac{1}{2}\sigma^2\right)dt+\sigma dW$$

이제 이 식을 $t=0\sim T$까지 적분해주면,

$$lnS(T)-lnS(0)=\left(\mu-\frac{1}{2}\sigma^2\right)T+\sigma(W(T)-W(0))=\left(\mu-\frac{1}{2}\sigma^2\right)T+\sigma W(T)$$

가 되고($W(0)=0$이므로), 왼쪽 로그항을 정리하면 아래와 같다.

$$ln\frac{S(T)}{S(0)}=\left(\mu-\frac{1}{2}\sigma^2\right)T+\sigma W(T)$$

양변에 지수함수를 씌워주면 아래 식을 얻게 되고,

$$\frac{S(T)}{S(0)}=e^{\left(\mu-\frac{1}{2}\sigma^2\right)T+\sigma W(T)}$$

이를 정리하면 최종적으로 다음과 같은 식을 얻는다.

$$S(T) = S(0)e^{\left(\mu - \frac{1}{2}\sigma^2\right)T + \sigma W(T)}$$

2장 2.3 실습(주가의 역사적 변동성)에서 변동성을 구할 때, 로그 수익률을 이용해 변동성을 계산해 주었다. 이렇게 해준 이유는 아래 식을 통해 설명해 줄 수 있다.

$$ln\frac{S(T)}{S(0)} = \left(\mu - \frac{1}{2}\sigma^2\right)T + \sigma W(T)$$

위 식을 보면, 왼쪽 항은 주가의 로그 수익률이다. 오른쪽 항에서, $\left(\mu - \frac{1}{2}\sigma^2\right)T$는 상수항으로 이루어져 있다. 또한, $\sigma W(T)$는 평균이 0 분산이 $\sigma^2 T$인 정규분포를 따른다. 즉, 주가의 로그 수익률은 평균을 $\left(\mu - \frac{1}{2}\sigma^2\right)T$로 하고, 분산을 $\sigma^2 T$로 하는 정규분포를 따르게 된다. 따라서 주가가 기하 브라운 운동을 따른다면, 주가의 로그 수익률로 변동성을 구해주는 것이 합리적인 방법임을 알 수 있다.

05 블랙-숄즈-머튼모형

블랙 – 숄즈 – 머튼모형(The Black-Scholes-Merton Model)은 오늘날 파생상품의 가치를 평가하는 데에 있어 매우 중요한 모형이다. 위에서 배운 내용들을 통해 우리는 이 절에서 블랙 – 숄즈 – 머튼 미분방정식을 유도할 것이고, 이로부터 유러피언 콜옵션과 풋옵션에 대한 해를 구할 것이다.

5.1 블랙 – 숄즈 – 머튼 미분방정식

블랙 – 숄즈 – 머튼 미분방정식을 유도하기 위해 아래와 같은 가정이 필요하다.

1. 주가는 기하 브라운 운동을 따른다($dS(t)=\mu S(t)dt+\sigma S(t)dW(t)$, 단, μ, σ는 상수이다).
2. 증권의 공매도(short selling)가 가능하고, 공매도 대금은 모두 사용 가능하다.
3. 거래비용과 세금이 없으며, 모든 증권은 완벽히 나눌 수 있다(perfectly divisible).
4. 파생상품의 만기까지 배당은 없다.
5. 무위험 차익거래 기회는 존재하지 않는다.
6. 증권의 거래는 연속적이다.
7. 무위험 이자율 r은 상수이고, 모든 만기에 대해 일정하다.

f는 파생상품의 가격이며, 주가 S와 시간 t에 대한 함수로 나타낼 수 있다. 이때, 블랙-숄즈-머튼 미분방정식은 아래와 같다.

$$\text{블랙-숄즈-머튼 미분방정식: } \frac{\partial f}{\partial t}+rS\frac{\partial f}{\partial S}+\frac{1}{2}\sigma^2 S^2\frac{\partial^2 f}{\partial S^2}=rf$$

위 식을 유도하기 위해 우리는 주식과 파생상품의 가격 f로 이루어진 포트폴리오를 만들 것이다. 주가가 기하 브라운 운동을 따른다고 가정하였으므로,

$$dS=\mu Sdt+\sigma SdW \tag{eq. 1}$$

로 쓸 수 있다.

앞 장에서 배운 이토의 보조정리를 통해 파생상품의 가격 f는

$$df(x,\ t)=f_t dt+f_x dx+\frac{1}{2}f_{xx}dx\cdot dx$$

로 나타낼 수 있다.

$x=S$를 대입해 주면,

$$df(S,\ t)=f_t dt+f_S dS+\frac{1}{2}f_{SS}dS\cdot dS \tag{eq. 2}$$

가 된다.

식을 정리할 때, 간단히 쓰기 위해 $df(S, t) = df$와 같이 변수를 생략해서 쓰도록 하겠다. (eq. 2)에 (eq. 1)을 대입해 주면

$$df = f_t dt + f_S(\mu S dt + \sigma S dW) + \frac{1}{2} f_{SS} dS \cdot dS$$

이때, $dS \cdot dS = (\mu S dt + \sigma S dW) \cdot (\mu S dt + \sigma S dW) = \sigma^2 S^2 dt$가 된다.

$$df = f_t dt + f_S(\mu S dt + \sigma S dW) + \frac{1}{2} f_{SS} \sigma^2 S^2 dt$$

위 식을 dt와 dW로 묶어서 정리해 주면 아래와 같은 식을 얻는다.

$$df = [f_t + f_S \mu S + \frac{1}{2} f_{SS} \sigma^2 S^2] dt + f_S \sigma S dW \qquad \text{(eq. 3)}$$

(eq. 1)과 (eq. 3)을 살펴보면, (eq. 1)에 f_S를 곱하고 (eq.3)을 빼주면, 위너과정을 없애줄 수 있는 것을 알 수 있다(eq. 4).

즉, 위너과정을 없애기 위해 주식을 f_S주 매수하고, 파생상품 f를 1주 매도한 포트폴리오를 만들어준다고 생각해 보자. 이때, 포트폴리오 가치를 P라 하면,

$$P = f_S S - f$$

가 되고, 미분하여 (eq.1), (eq.2)를 대입하고 정리해 주면,

$$dP = f_S dS - df = f_S \mu S dt + f_S \sigma S dW - [f_t + f_S \mu S + \frac{1}{2} f_{SS} \sigma^2 S^2] dt - f_S \sigma S dW$$

$$\rightarrow dP = -[f_t + \frac{1}{2} f_{SS} \sigma^2 S^2] dt \qquad \text{(eq. 4)}$$

가 된다.

이 포트폴리오는 위너과정 dW가 사라지므로, 무위험 포트폴리오와 동일한 수익률을 가져야 한다. 그렇지 않으면 차익거래 기회가 발생하므로, 우리의 가정 5

번에 위배되게 된다. 또는 차익거래에 의해 결국 포트폴리오의 수익률이 무위험 이자율 r과 같아진다고 생각해도 된다.

따라서 이를 식으로 나타내면,

$$dP = rPdt = r(f_S S - f)dt \qquad \text{(eq. 5)}$$

로 쓸 수 있고, (eq.4)와 (eq.5)가 같아야 하므로

$$dP = -[f_t + \frac{1}{2}f_{SS}\sigma^2 S^2]dt = r(f_S S - f)dt$$

가 되고, dt를 양변에서 제거하면,

$$-f_t - \frac{1}{2}f_{SS}\sigma^2 S^2 = r(f_S S - f)$$

가 된다.

위 식을 정리해주면,

$$rf = f_t + rSf_s + \frac{1}{2}f_{SS}\sigma^2 S^2 = \frac{\partial f}{\partial t} + rS\frac{\partial f}{\partial S} + \frac{1}{2}\sigma^2 S^2 \frac{\partial^2 f}{\partial S^2}$$

마침내 블랙-숄즈-머튼 미분방정식이 구해진다.

블랙-숄즈-머튼 미분방정식의 해 f는 일반적으로 무수히 많은 해를 갖는다. 블랙-숄즈-머튼 미분방정식을 푸는 것은 쉽지 않지만, 파생상품의 경계 조건(boundary condition)을 사용해 풀면, 해가 특정하게 구해지는 경우가 있다. 그 대표적인 예가 유러피언 콜옵션과 풋옵션이다.

5.2 블랙-숄즈-머튼 옵션가격 결정모형

이 책의 2장에서 배당이 없는 유러피언 콜옵션과 풋옵션의 가격은 아래 표와 같이 됨을 배웠다. 이 옵션가격은 블랙-숄즈-머튼 미분방정식의 가장 유명한

해 중 하나이다.

배당이 없는 유러피언 콜옵션의 가격을 유도하기 위해서는, 위의 블랙 - 숄즈 - 머튼 미분방정식과 경계조건을 활용하여야 한다. 유러피언 콜옵션의 경계조건은 만기시점 T에서 주식 가격 S_T가 행사가격 K보다 클 경우, S_T-K의 수익이 발생하고, $S_T<K$이면 콜옵션은 행사되지 않아 0의 수익이 발생한다. 즉, 만기 때, $\max(S_T-K, 0)$의 수익이 발생한다. 식으로 나타내면, $c(T)=\max(S_T-K, 0)$가 된다. 이 경계조건을 활용하면 블랙 - 숄즈 - 머튼 옵션가격 결정모형을 유도할 수 있다. 유도하는 방법은 매우 복잡하고 길어 본서에서는 다루지 않도록 하겠다. 미분방정식을 풀면 아래와 같은 결과가 구해진다.

$$c=S_0N(d_1)-Ke^{-rT}N(d_2)$$

$$p=Ke^{-rT}N(-d_2)-S_0N(-d_1)$$

$$d_1=\frac{\ln(S_0/K)+(r+\sigma^2/2)T}{\sigma\sqrt{T}}, \quad d_2=d_1-\sigma\sqrt{T}$$

06 변동성 미소

변동성 미소(Volatility Smile)는 동일한 기초자산으로 하는 동일 만기의 옵션이 행사가격 K에 따라 그 내재변동성 σ가 바뀌는 현상을 의미한다. [그림 4]와 같이 웃고 있는 모습으로 보여 변동성 미소라고 부른다.

옵션의 내재변동성은 그 기초자산에 의한 것이기 때문에, 행사가격과 상관없이 동일한 내재변동성을 가져야 한다. 행사가격에 따라 내재변동성이 바뀌는 현상은 블랙 - 숄즈 - 머튼모형이 실제 옵션 가격을 정확히 설명하지 못하고 있다는

그림 4 변동성 미소

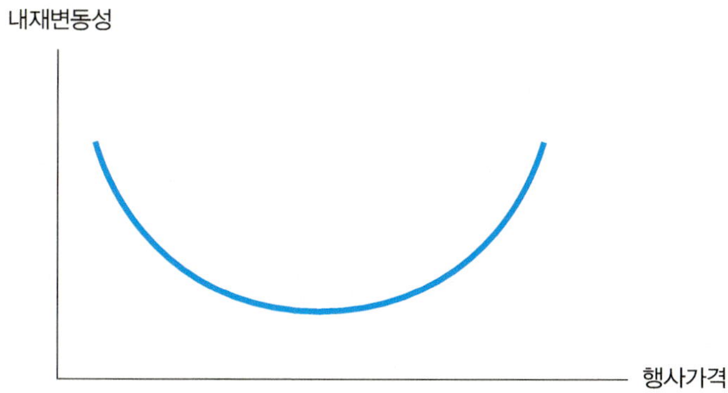

증거이기도 하다.

왜 이런 변동성 미소가 나타날까? 그 대표적인 이유는 첫째, 블랙-숄즈-머튼모형에선 기초자산 $S(t)$가 기하 브라운 운동을 따른다고 가정하였다. 하지만 실제로는 이와 다른 분포를 가지기 때문이다. 둘째, 행태재무학 관점으로는 투자자들이 수익보다 손실에 더 민감하게 반응하여 하락에 대한 변동성이 더 커지게 된다. 즉, 정규분포가 아닌 하락에 대한 변동성이 더 큰 것을 의미한다.

07 마르코프와 마팅게일 과정

마르코프 과정과 마팅게일 과정(Markov and Martingale Process)은 금융공학에 있어 매우 중요한 과정들이다. 이 과정들에 대해 자세히 알아보도록 하자.

7.1 마르코프 과정(Markov Stochastic Process)

마르코프 과정은 아래와 같은 성질을 따르는 확률과정이다. 시간 $t_0 < t_1 < t_2 < t_3 < \cdots < t_{n-1} < t_n < t_{n+1}$에 대해서,

$$P[X(t_{n+1})=x_{n+1} \mid X(t_n)=x_n, X(t_{n-1})=x_{n-1}, \cdots, X(t_0)=x_0]$$
$$=P[X(t_{n+1})=x_{n+1} \mid X(t_n)=x_n]$$

P(A|B)는 조건부 기댓값으로 사건 B가 발생했을 때, A가 발생할 확률이다. 위의 식은 과거 모든 경로 $X(t_n)=x_n, X(t_{n-1})=x_{n-1}, \cdots, X(t_0)=x_0$가 발생했을 때, $X(t_{n+1})=x_{n+1}$이 발생할 확률은 가장 최근의 경로 $X(t_n)=x_n$에만 의존한다는 것을 뜻한다. 즉, 미래에 어떤 일이 발생하는 것은, 과거와 관계 없이 현재의 데이터에 의한 것이다.

주식에서 마르코프 과정이란 미래의 주가가 과거의 주가가 어땠는지와는 상관없이 오늘의 주가에만 의존한다는 것을 의미한다. 위에서 살펴본 위너과정과 랜덤워크과정 또한 마르코프 과정 중 하나이다.

7.2 마팅게일 과정(Martingale Process)

마팅게일 과정은 미래의 기댓값이 현잿값과 동일한 과정을 의미한다. 아래 성질을 만족하면 마팅게일 과정이라고 한다.

$0 \le s \le t \le T$에 대해서,

$$E[X(t) \mid F(s)]=X(s)$$

위 식의 의미는, $X(t)$를 현재 시점 s에서 추정한 기댓값은, 현잿값 $X(s)$와 동일하다는 것을 뜻한다. 만약 왼쪽 항인 기댓값이 더 크다면 서브마팅게일(submartingale), 왼쪽 항인 기댓값이 더 작다면 슈퍼마팅게일(supermartingale) 과정이라고 한다. 정리하자면 아래와 같다.

$$E[X(t) \mid F(s)]=X(s) \text{ :martingale}$$
$$E[X(t) \mid F(s)] \ge X(s) \text{ : submartingale}$$
$$E[X(t) \mid F(s)] \le X(s) \text{ : supermartingale}$$

주가는 일반적으로 미래의 기댓값이 현잿값보다 더 크기 때문에, 서브마팅게일이라 볼 수 있다. 우리가 일반적으로 주식을 사는 이유는 미래에 가져다주는 수익이 있을 것이라 생각하기 때문이다. 주가가 마팅게일 과정을 따른다면 아무도 구매하지 않을 것이다. 그러나 금융공학에서 어떤 확률과정을 다룰 때에는 마팅게일 과정일 때, 수학적으로 다루기가 편하다. 슈퍼마팅게일이나 서브마팅게일은 부등호로 나타나기 때문에 어떤 값을 정확히 추정하는 데에 있어 제한이 있다. 따라서 서브마팅게일인 주가를 마팅게일의 형태로 바꿔줄 필요가 있다. 이때, 주가를 아래와 같이 할인해주면 마팅게일로 바꿀 수 있다.

주가 $S(t)$가 기하 브라운 운동을 따를 때, 아래와 같은 식이 성립한다.

$0<t<T$일 때,

$$E[e^{-\mu(T-t)}S(T) \mid F(t)] = S(t)$$

위 식의 의미는, T시점의 주가 $S(T)$를 기대수익률 μ로 할인해준 값 $e^{-\mu(T-t)}S(T)$의 t시점에서의 기댓값은, t시점에서의 주가 $S(t)$와 같음을 의미한다. 즉, $e^{-\mu(T-t)}S(T)$는 실제 측도(Physical measure)에서 마팅게일이다.

또는, 뒤에서 배울 걸사노프 정리를 적용하면, 무위험이자율 r로 할인해준 값 $e^{-r(T-t)}S(T)$는 위험중립측도(Risk neutral measure)에서 마팅게일이 된다. 이는 아래 식과 같이 표현할 수 있다. E는 실제측도에서의 기댓값, $\widetilde{E}$는 위험중립측도에서의 기댓값이다.

$$\widetilde{E}[e^{-r(T-t)}S(T) \mid F(t)] = S(t)$$

어떤 확률과정 x가 마팅게일이라면, drift rate$=0$이 된다. 또한, 그 역도 성립한다. 즉 아래 이토과정 식에서 $a(x, t)=0$으로 나타난다.

$$dx = a(x, t)dt + b(x, t)dW = b(x, t)dW$$

만약 어떤 확률과정이 마팅게일인지 아닌지 알고 싶으면 drift rate이 0인지 아닌지 확인해보면 된다. 아래는 몇 가지 확률과정들이 마팅게일인지 아닌지에 대한 예시들이다.

1. 위너과정 $dx=dW$는 실제측도에서 마팅게일이고, 위험중립측도에서 마팅게일이 아니다.
2. 위너과정 $dx=d\widetilde{W}$는 실제측도에서 마팅게일이 아니고, 위험중립측도에서 마팅게일이다.
3. 일반화된 위너과정: $dx=9dt+10dW$는 실제측도에서 마팅게일이 아니다.
4. 기하 브라운 운동: $dS(t)=\mu S(t)dt+\sigma S(t)dW(t)$는 실제측도에서, $\mu\neq 0$이면 마팅게일이 아니고 $\mu=0$이면 마팅게일이다.
5. 무위험이자율로 할인된 주가: $e^{-r(T-t)}S(T)$는 위험중립측도에서 마팅게일이다(주가가 기하 브라운 운동을 따를 때).

08 위험중립세계

모든 투자자들이 위험중립형(Risk neutral)인 세상을 위험중립세계(Risk Neutral World)라고 한다.

위험중립형 투자자란 위험이 증가될 때, 이에 따른 보상으로 더 높은 기대수익률을 요구하지 않는 투자자를 의미한다. 예를 들자면, 안정적인 예금에 투자하는 것과, 위험이 큰 주식에 투자하는 것에 똑같은 기대수익률을 요구하는 투자자이다.

우리가 사는 실제세계(Real world)는 위험중립세계가 아니다. 일반적으로 더 큰 위험을 가진 상품에 투자할 때, 우리는 더 큰 기대수익률을 요구한다. 주식은 은행의 예금보다 그 위험성이 더 크다. 그렇기 때문에 실제세계에서 주식에 투자하는 투자자들은 예금 이자율보다 더 큰 수익률을 요구한다. 이것이 일반적인 투자자들이다. 그렇다면 위험중립세계에서 가치평가를 하는 것은 어떤 의미가 있을까?

위험중립가치평가

파생상품의 가치를 평가할 때, 위험중립세계에서 가치평가를 해주는 이유는 기초자산의 기대수익률이 얼마인지 알 수 없기 때문이다. 자산별로 기대수익률이 다를 뿐만 아니라, 정확한 기대수익률을 아는 것은 불가능에 가깝다. 반면에, 무위험이자율은 값을 알 수 있다(앞 장을 참고하자).

또한, 위험중립가치평가를 해주게 되면 주식의 기대수익률에 무위험이자율을 적용할 수 있고 파생상품의 기대이득에 사용되는 할인율도 무위험이자율을 사용해 줄 수 있다.

그러나 실제세계는 위험중립형인 투자자들로 이루어져 있지 않다. 그렇다면 위험중립세계에서 파생상품의 가치평가를 진행하는 것이 타당한 것일까? 파생상품의 가치는 기초자산에 대한 상대가격으로 나타낸다. 투자자들의 위험에 대한 태도는 이미 기초자산의 가격에 반영이 되어 있을 것이고, 파생상품의 상대가격에는 전혀 영향을 주지 않게 된다. 예를 들자면, 파생상품의 가격은 $f(S(t), t) = 2S(t)$와 같이 표현되기 때문에, 주가 $S(t)$가 100원이든 1,000원이든 상대가격이 $2S(t)$라는 점은 변하지 않는다. 따라서 위험중립에 대한 가정 여부는 기초자산의 가격에는 영향을 주더라도 파생상품의 가치평가에는 영향을 주지 않는다.

09 걸사노프 정리

걸사노프 정리(Girsanov Theorem)는 실제측도(Physical measure)에서 위험중립측도(Risk neutral measure)로 변환시키는 데에 매우 유용한 정리이다. 실제측도는 실제세계에서의 측도이고 위험중립측도는 위험중립세계에서의 측도이다.

걸사노프 정리는 아래와 같은 정의를 따른다.

$W(t)$가 위너과정이고 $\theta(t)$가 어떤 adapted process일 때, 아래와 같이 정의된 $Z(t)$가 있다고 하자($Z(t)$는 martingale exponential process 또는 Doleans-Dade process라고 불린다).

$$Z(t) = exp\left(-\int_0^t \theta(u)dW(u) - \frac{1}{2}\int_0^t \theta(u)^2 du\right)$$

$d\widetilde{W}(t) = dW(t) + \theta(t)dt$라 하고, $\int_0^t \theta(u)^2 Z(u)^2 du < \infty$일 때, $Z = Z(t)$, $(T > 0)$에 대해서, 새로운 측도 $\widetilde{P}$를 아래와 같이 정의하자.

$$\widetilde{P}(A) = \int_A ZdP \; for \; A \in F$$

그러면,

1. $E[Z] = 1$
2. $\widetilde{W}(t)$는 새로운 측도 $\widetilde{P}$하에서 위너과정이 된다.

걸사노프 정리가 매우 복잡하여 어렵게 느껴질 수 있다. 그러나 우리는 간단한 한 가지 케이스에 대해서만 살펴볼 것이다. $\theta = \dfrac{\mu - r}{\sigma}$로 정의하면, 실제측도에서 위험중립측도로 변환시킬 수 있다.

주가가 기하 브라운 운동을 따른다고 하면 아래와 같이 쓸 수 있다.

$$dS(t) = \mu S(t)dt + \sigma S(t)dW(t)$$

$\theta = \frac{\mu - r}{\sigma}$라 하면, $d\widetilde{W}(t) = dW(t) + \frac{\mu - r}{\sigma}dt$가 되고, $dW(t) = d\widetilde{W}(t) - \frac{\mu - r}{\sigma}dt$가 된다. 이를 위 식에 대입해 주자.

$$\begin{aligned} dS(t) &= \mu S(t)dt + \sigma S(t)dW(t) = \mu S(t)dt + (-\mu + r)S(t) + \sigma S(t)d\widetilde{W}(t) \\ &= rS(t)dt + \sigma S(t)d\widetilde{W}(t) \end{aligned}$$

위 식을 정리하면, 아래와 같다.

$$dS(t) = rS(t)dt + \sigma S(t)d\widetilde{W}(t)$$

위 식이 의미하는 바는, 실제세계에서 주가의 기대수익률인 μ가 위험중립세계로 측도를 옮기면 무위험이자율 r로 바뀌게 되고, 변동성은 σ로 동일한 것을 볼 수 있다. 또한, 걸사노프 정리에 의해 새롭게 정의한 $d\widetilde{W}(t)$는 위험중립세계에서 위너과정이 된다.

걸사노프 정리에 의해 우리는 실제세계와 위험중립세계를 자유자재로 넘나들 수 있게 된다. 즉, 더 이상 기대수익률 μ로 가치평가를 하는 것이 아니라 무위험이자율 r로 파생상품의 가치평가를 할 수 있게 된다. 이를 위험중립가치평가(Risk neutral valuation)라고 부른다.

위험중립가치평가의 대표적인 예시가 위에서 다룬 유러피언 콜옵션의 가치이다.

$$c = S_0 N(d_1) - Ke^{-rT}N(d_2)$$

유러피언 콜옵션의 가치 c는 기대수익률 μ가 식에 나타나지 않고 무위험이자율 r로 식이 바뀌어 있다. 이런 변환이 가능하게 된 것은 걸사노프 정리의 결과로 볼 수 있다.

실무 예시

주주간계약관련 주요 계약사항 예시

본문의 주주간계약 Part에서 설명하였던 계약사항과 관련하여 일반적으로 볼 수 있는 문구와 평가시 고려해야 하는 포인트를 예시로 부록에 기재하였다.

IPO에 관한 사항

- A사의 RCPS 취득일로부터 5년이 되는 날까지 IPO 완료될 수 있도록 최선의 노력 의무
- A사의 상장요청권: ① 투자대상법인이 상장요건을 충족 또는 충족할 것으로 예상되는 경우 또는 ② Q-IPO요건(주당 인수금액+IRR 6% 초과)이 충족될 것으로 예상 시, A사는 상장을 요청할 수 있고 이 경우 투자대상법인은 IPO 의무를 부담
- A사의 상장 중단·철회 요청권: 상장예비심사 적격통지일로부터 증권신고서 제출 전까지 상장절차 중단 혹은 상장철회 요청 가능
- IPO에 지장을 초래하지 않는 범위에서 A사는 보유주식에 대하여 구주매출 우선권 보유

Point 본문의 'IPO확률' 부분과 관련한 내용으로 IPO관련 평가는 정형화되어 있지 않지만, IPO 시점의 노드에서 Q-IPO에 따른 IRR 조건을 비교해서 달성여부를 판단하는 방식과 Q-IPO의 형식적인 요건과 IRR조건을 구분하여 판단하는 방식이 일반적이며 적용시 전문가적 판단이 필요로 한다.

공동매도권(Tag-along Right)

- B사가 보유주식을 제3자에게 매각 시, A사는 보유주식 일부 또는 전부를 B사 매각 주식과 비례하여 공동 매각(Tag-along)할 권리 보유
- 단, B사가 투자대상법인의 경영권 지분을 매각하는 경우, A사 보유주식 전부가 우선 매각되도록 하여야 함 (B사 처분 조건과 동일 혹은 유리한 조건으로만 주식 처분 가능)

Point A사는 B사의 주식 매각 시 참여할 수 있는 권리로 추가적인 대주주의 의무나 권리가 존재하지 않음

동반매각권(Co-sale Right)

- RCPS 취득일로부터 5년이 되는 날까지 ① IPO가 완료되지 못하고 ② B사와 A사의 보유주식 전부가 제3자에게 매각되지 못한 경우, A사는 A사 보유주식 전부와 B사 보유주식을 함께 동반매각 가능
- 동반매각권(Co-sale Right) 행사 시 배분에 관한 사항: 매각 부대비용 제외한 금액을 다음 순서로 배분
  - (i) A사 투자원금 및 IRR 5%를 달성하는 금액까지 우선 배분
  - (ii) B사 매각주식수×(위 (i)의 금액을 A사 매각주식수로 나눈 금액) 금액을 B사에 배분
  - (iii) 이후 잔여금액은 B사 및 A사 매각주식수 비례하여 배분
- B사는 A사의 동반매각권(Co-sale Right) 행사 시 A사 보유주식에 대한 콜옵션 보유
- B사의 콜옵션 행사에 따른 A사 보유주식 매각대금은 ① A사 투자원금 및 IRR 5%를 달성하는 금액 또는 ② A사의 동반매각권(Co-sale Right) 행사와 관련하여 제3자가 제시한 1주당 매각대금 중 더 높은 금액

Point A사가 동반매각권을 행사 시 매각금액에 대해서 투자금액의 IRR 5%까지 우선권이 있으며, B사는 B사 보유주식 매각금액을 한도로 투자자의 투자금액 IRR 5%까지 보전할 의무가 존재한다

풋옵션(Put option)

- 풋옵션 청구 사유가 발생되고, 15 영업일 이내 치유되지 않은 경우 A사는 B사를 상대로 A사 보유주식 일부 또는 전부에 대하여 투자원금에 IRR 15%를 가산한 금액으로 매수청구권(Put Option) 행사 가능
- 풋옵션 사유:
  - 투자대상법인이 상장 요건을 충족함에도 불구하고 B사 또는 투자대상법인이 고의적으로 A사의 상장요청권 행사를 거절하는 경우
  - A사가 상장절차의 중단을 요청하거나 상장요청권 행사를 철회하였음에도 B사가 투자대상법인을 고의적으로 상장 추진하는 경우
  - B사 또는 투자대상법인이 A사의 동반매각권(Co-sale Right) 행사 요건이 충족되었음에도 불구하고 B사가 고의적으로 A사의 동반매각권(Co-sale Right) 행사에 거부하거나 저항하는 경우
  - B사가 고의적으로 본 계약상 지분매각 제한 규정을 위반하거나 A사의 공동매도권(Tag-along Right) 행사 기회를 제공하지 않고 보유주식의 전부 또는 일부를 제3자에게 매각하는 경우

Point 계약상 풋옵션(Put Option)이라는 문구가 명확하게 기재되어 있어 풋옵션에 대한 평가를 수행하여야 한다고 생각할 수 있지만, 풋옵션 청구 사유는 예외적인 상황으로 회피가능하여 대주주의 의무가 존재하지 않아 자산성이 없다고 보고 일반적으로 풋옵션 평가를 하지 않는다.

콜옵션(Call option)

- 투자자는 일정조건에 따라 대주주에 대하여 투자자 또는 투자자가 지정하는 자에게 대상주식등을 매도할 것을 청구할 수 있는 콜옵션을 가진다. 이 때의 매매대금은 아래 방식으로 정한다.
  - 대주주는 매각의사통지일로부터 30일 이내 입찰절차 등 대상주식 등의 매각을 위한 세부사항을 정하기로 하며, 이에 따라 입찰을 개시하여 인수희망자로부터 인수의향제안서를 수령하여 적격인수자를 선정한다
  - 투자자는 적격인수자가 제안한 금액 이상으로 콜옵션행사 여부를 통지한다

Point 해당 콜옵션은 대상주식을 해당시점의 적정가격으로 매입할 권리로 경제적인 이득을 주는 실질적인 자산가치를 가지지 못하여 평가하지 않는다.

배당정책

- B사 및 투자대상법인은 매년 투자대상법인의 배당가능이익의 90% 이상을 배당함으로써 A사가 IRR 7% 이상의 금액에 해당하는 배당금을 받을 수 있도록 최선의 노력을 다함

Point 본문에서 언급하였듯이, 우선배당을 평가에 반영하는 관점을 채택하여 평가를 진행할 경우, 우선배당의 배당재원이 존재하는지에 대한 검토가 필요하다. DCF 등 평가 시 추정된 미래 영업이익 등을 통해 미래 배당가능이익 규모를 추정하여 해당 규모 안에서 우선배당을 반영하여야 할 것이다.

임원지명권

- 투자대상법인은 3인의 이사 및 1인의 감사를 두고, A사는 투자대상법인 이사(기타비상무이사) 1인을 지명할 수 있음

Point 임원지명권으로 인하여 실질적으로 대상회사의 의사결정을 결정할 수 있는 수준이라면 지배력이 있다고 보아 지분이 50%가 되지 않아도 연결대상이 될 수 있으며, 특수관계자로 포함되어야 하는 점을 고려하여야 한다. 이때 연결대상에 대한 판단은 피투자사에 대한 의사회의결권뿐만 아니라 주총결의를 위한 의결정족수, 업종특성상 중요한 계약의 유무 등도 유의적인 영향력행사 여부 시 종합적으로 고려되어야 한다.

질의 모음

구분	질의	요청사유	예시 답변
변동성	변동성 원천 데이터 및 계산 내역 요청 드립니다. 계산식 확인 가능하도록 상세히 제공 요청 드립니다.	변동성 산출 로직검토 및 재계산을 위해 요청한 질의입니다. 원천 데이터는 CIQ나 블룸버그 등으로 조회가 가능하나 리뷰의 원활한 진행 위해 요청하고 있습니다. 또한 계산 내역은 재계산 및 변동성의 조정 여부 등의 확인을 위해서 요청하고 있습니다.	관련 데이터 및 계산 내역 제공
	변동성 측정을 위한 유사기업을 선정한 기준과 이유를 제공 요청드리며, 변동성 계산시 적용하신 유사회사는 기초자산 평가시 적용한 회사와 동일한지 확인 부탁드립니다.	비상장사인 경우 유사회사를 산정하여, 변동성을 측정해야 하는데 유사회사 산정 과정이 적정한지 확인하기 위한 질의입니다. 적정한 모집단을 설정하고 합리적인 과정을 통해서 최종 유사회사를 산정하였는지 검토를 위한 질의입니다. 또한 비상장사의 경우 기초자산에 대한 평가가 필요한데 기초자산에 적용한 유사회사와 변동성에 적용한 유사회사는 특별한 이유가 없으면 같아야 합니다.	CIQ를 통해 중국 회장품 산업 중 천연소재 키워드를 검색하였으며, 산업 및 매출 비중 등을 파악하여 관련 사업이 아니거나 주요영업이 아닌 회사들을 모두 제외하였습니다. 구체적인 내역은 유사회사 시트를 확인 부탁드립니다.
	변동성 산정기간 적용 근거 요청드립니다.	변동성의 경우 측정 주기에 따라서 값이 달라지기 때문에 실제변동성을 대표하는 측정 주기를 선택하는 것이 중요합니다. 일반적인 경우 180영업일을 연환산을 하여 측정하고 있으며, 주식기준보상 기준서를 준용하여 잔여만기에 해당하는 기간으로 측정하는 경우도 있습니다. 또한 주식기준보상을 평가하는 경우 기준서에 따라서 잔여만기에 해당하는 기간으로 측정하는 것을 원칙으로 하고 있어 해당 내용을 반영하였는지 여부를 확인하기 위함입니다. 이에 어떤 근거로 변동성 측정 주기를 설정하였는지 근거를 요청하고 있습니다.	1. 주식기준보상 기준서를 준용하여 잔여만기에 해당하는 기간에 대하여 변동성을 산정하였습니다. 2. 최신의 정보를 반영하며, 실무적으로 가장 일반적으로 사용되는 180영업일을 연환산하여 변동성을 산정하였습니다.

구분	질의	요청사유	예시 답변
변동성	IQR (혹은 MAD)을 통하여 이상치를 제거한 변동성을 적용하신 이유 문의드리며, 변동성 산출 시 적용된 가정이나 보정방법이 있으신 경우 조정 전 변동성 값을 모수로 하여 재평가를 요청 드립니다.	변동성의 이상치를 제거하는 방식으로 단순하게 통계적 기법을 적용하는 것은 적정하지 않기 때문에 수정을 요청하고 있습니다. 이상치를 제거하는 것이 적정하지만, 통계적인 방식이라는 이유로 일괄적으로 적용하는 것은 변동성을 감소시키는 방향으로만 이상치를 제거하는 것이 되어 주가변동성이 과소추정될 수 있기에 적정하지 않아, 대부분의 빅펌에서는 수용하지 않고 있습니다. 해당 방식을 적용한 경우 수정이 필요합니다. 다만, 연속적인 평가로 기존에도 동일한 방식으로 평가하였다면, 감사인과 논의가 필요할 것으로 보입니다.	평가정책의 일관성을 위하여 전기말 RCPS 평가에 적용한 변동성 측정 방식과 동일하게 IQR을 적용하였습니다.
	주가지수 혹은 산업지수의 변동성을 적용한 이유에 대해서 문의드립니다.	KOSPI지수, KOSDAQ지수 및 특정 산업지수의 변동성은 원칙적으로 수용되지 않고 있어 수정을 요청하고 있습니다. 주가지수의 경우 개별주식 혹은 해당 산업의 변동성과 무관하며, 산업지수의 경우에도 평가 대상의 변동성을 대표하지 못할 수 있기 때문에 수정을 요청하고 있습니다.	주가지수 혹은 산업지수로 변동성을 측정하였으며, 수정이 필요합니다.
할인율	할인율 Bootstrapping 산정 로직 및 세부 자료 요청드립니다.	Bootstrapping 산출 로직검토 및 재계산을 위해 요청한 질의입니다. Bootstrapping을 분기/반기/온기 등 어떤 방식으로 진행하였는지 설명을 요청하고 Bootstrapping을 통해서 산출된 현물이자율 결괏값을 요구하고 있습니다.	Bootstrapping을 통해 산출된 기간별 현물이자율과 Bootstrapping 방식에 대해서 설명합니다.

구분	질의	요청사유	예시 답변
할인율	Bootstrapping을 통해서 산출된 현물이자율을 적용하여, YTM을 쿠폰으로 받는 채권을 할인하여 액면가가 되는지 확인부탁드립니다.	Bootstrapping로 산출된 현물이자율의 적정성을 검토하기 위한 질의입니다. Bootstrapping을 적용할 때 각 시점에서 YTM을 Par rate로 보아 현물이자율을 산출하였기 때문에 현물이자율이 균형이자율로 산출이 되었다면, 각 시점의 YTM을 쿠폰으로 적용하여 할인하면 액면가로 계산이 되어야 합니다.	Bootstrapping을 통해 산출된 기간별 현물이자율을 통해서 YTM을 쿠폰으로 보아 채권을 평가한 내역을 제공합니다. 다만, 쿠폰의 지급주기는 Bootstrapping시 적용한 지급주기와 동일하게 적용하여야합니다.
	노드에 적용된 이자율이 선도이자율인지 문의드리며, 만기 시점 액면금액을 현물이자율로 평가기준일로 할인한 금액과 선도이자율로 평가기준일까지 할인한 금액이 동일한지 확인 부탁드립니다.	각 노드에서 선도이자율을 적용하여 이전노드로 할인을 적정하게 하였는지 검토하기 위한 질의입니다. 0시점으로의 할인이 아니기 때문에 선도이자율을 적용해야 하며, 선도이자율이 균형이기 위해서는 현물이자율로 할인한 금액과 선도이자율을 연속적으로 적용하여 할인한 금액이 동일하게 계산이 되어야 합니다.	선도이자율을 적용하여 각 타임스텝 별로 할인하여 산출된 채권 금액과 현물이자율로 할인한 채권 금액의 비굣값을 전달합니다.
	적용한 위험 이자율이 공시되지 않은 경우, 어떤 방식으로 추정하였는지 질의드립니다.	CCC+와 같이 YTM에 대한 정보가 없는 경우 어떤 방식으로 이자율을 반영하였는지에 대한 질의입니다.	1. 평가 대상 신용등급은 CCC+로 확인이 가능한 가장 낮은 등급인 B+에서 B+와 BB+의 스프레드 차이를 적용하여 CCC+ 대한 YTM을 추정하였습니다. 2. 평가 대상 신용등급은 CCC+로 공시 자료로 확인이 불가능합니다. 해당 등급의 최선의 추정치는 확인이 가능한 가장 낮은 등급인 B-을 준용하는 것으로 판단하여 B-의 YTM을 적용하였습니다.
	YTM 적용에 있어 사모/공모 중 선택한 근거 요청드립니다.	평가에 적용할 YTM의 회사채 수익률 정보를 사모/공모 중 어떤 것을 선택하였으며, 선택한 근거에 대한 질의입니다.	1. 평가대상 CB 및 CPS가 사모로 발행되었기에 사모사채 금리 적용하였습니다. 2. 회사의 신용등급은 B-로 조회되었으며, B-의 경우에도 공모사채의 금리는 조회되지만 사모사채의 금리는 조회되지 않기에 공모 B- 신용등급을 적용하였습니다.

구분	질의	요청사유	예시 답변
희석효과	다른 종류주 등으로 인한 희석효과를 어떤 식으로 고려했는지 문의드립니다.	희석효과를 반영하는 방식은 크게 기초자산에 반영하거나 노드에 반영하는 것으로 구분되며, 어떤 방식으로 적용하였는지에 대한 질의입니다.	1. 기초주가에 반영한 경우, 종류주식의 금액과 주식수에 대한 세부 계산내역 자료를 전달합니다. 2. Node에 반영한 경우, Pay-off상으로 가산되는 금액과 주식수에 대한 산식 혹은 로직을 전달합니다.
Parameter	위험중립확률을 단일 할인율에 대한 단일 p 값을 적용하였는지 혹은 노드별로 산출된 선도이자율로 산정된 p 값을 적용하였는지 문의드립니다.	해당 질의는 이항모형에서 무위험이자율을 단일의 값을 적용하는지 혹은 기간에 대응하는 무위험이자율을 적용하는지와 관련이 있습니다. 단일의 무위험이자율을 적용하는 경우 단일의 위험중립확률을 적용하여 평가를 해야 하며, 기간에 대응되는 무위험이자율을 적용하면, 해당 노드의 선도이자율로 각 노드의 위험중립확률을 산출하여 적용을 해야 합니다.	적용한 위험중립확률에 대한 정보를 제공합니다.
배당가능 이익	우선주는 배당가능이익이 있는 경우에 투자자 조기상환권을 행사할 수 있습니다. 우선주의 조기상환권의 행사가능시점에 대해서 어떤 가정을 하였는지 문의드립니다.	배당가능이익을 어떤 방식으로 고려하였는지에 대한 검토를 위한 질의입니다. 배당가능이익의 검토는 발행자 입장보다 투자자 입장의 평가에서 더욱 중요합니다. 발행자 입장에서 배당가능이익을 검토하지 않으면 보수적인 평가가 되지만, 투자자 입장의 평가에서 배당가능이익을 고려하지 않으면 자산 과대평가의 이슈가 있을 수 있습니다. 이런 이유로 배당가능이익을 고려하지 않았다면, 고려하지 않은 사유에 대한 근거가 필요합니다.	평가대상의 기초자산은 상대가치로 산정하였으며, DCF 등을 통해 사업계획에 대한 충분한 검토가 이루어지지 않은 상태에서 이익잉여금을 추정하여 상환가능시기를 조정하는 경우 임의평가조정이 될 수 있다는 점, 자본잉여금이 있는 경우 상법 제461조의 2에 의하여 자본금의 1.5배를 초과하는 자본잉여금은 이익잉여금으로 전입이 가능하다는 점 등을 고려하여 회사의 의지에 따라 배당이 가능함을 가정하였습니다.

구분	질의	요청사유	예시 답변
리픽싱	시가조정 리픽싱(주가 변동시 일정 주기마다 전환가격을 조정)을 평가에 고려하셨는지 문의드립니다.	해당 질의는 시가조정 리픽싱을 어떤식으로 반영하였는지에 대한 검토를 위한 질의입니다. 시가조정 리픽싱은 크게 상/하향조정 리픽싱과 하향조정 리픽싱으로 구분되며, 해당 리픽싱을 어떤 식으로 적용했는지 설명이 필요합니다. 또한 현금배당, 주식배당, 무상증자, 주식분할, 주식병합, 현행시장 가격보다 낮은 가격의 유상증자 등의 사유가 발생하면 행사가격을 조정하는 일반적인 희석화방지조항만 있는 경우 평가에 추가적으로 반영하지 않습니다.	하방리픽싱 : 전환가액 조정일이 아닌 날은 직전 전환가액을 위험중립확률로 가중평균하여 전환가액을 적용하였습니다. 전환가액 조정일에는 가중평균 직전 전환가액과 해당 노드 주가, 리픽싱 하한을 비교하여 하방 리픽싱을 고려하였습니다. 하방/상방 리픽싱 : 전환가액 조정일이 아닌 날은 직전 전환가액을 위험중립확률로 가중평균하여 전환가액을 적용하였습니다. 전환가액 조정일에는 리픽싱 상/하한을 고려하여 해당노드 주가로 리픽싱됨을 가정하였습니다.

참고문헌

Awoga, Oluwaseyi, Implementation of Short-Rate Models—A Case Study of the Black-Derman-Toy Model of Interest Rate (April 11, 2017).

Cox, J., Ross, S. & Rubinstein, M. (1979) Option Pricing—A Simplified Approach. Journal of Financial Economics, 7, 229-263.

Fisher Black, Emmanuel Derman & William Toy (1990). A One-Factor Model of Interest Rates and Its Application to Treasury Bond Options. FA Journal, New York.

Frank Fabozzi (2014). Bond Market Analysis & Strategies. Pearson, India.

Hull, John & White, Alan (1995), "The impact of default risk on the prices of options and other derivative securities," Journal of Banking & Finance, Elsevier, vol. 19(2), 299-322.

Hull, John, Options, Futures, and Other Derivatives.

Quantitative Strategies Research Notes Valuing Convertible Bonds as Derivatives, 1994.11.

SEC. Codification of Staff Accounting Bulletins. Topic 14: Share-Based Payment. Available at: https://www.sec.gov/interps/account/sabcodet14.htm

Shreve, S. E. (2005), Stochastic Calculus for finance I, Discrete-Time Models, Springer.

Shreve, S. E. (2005), Stochastic Calculus for Finance II, Continuous-Time Models, 2005, Springer.

The Review of Financial Studies Spring 2001 Vol. 14, No. 1, 113-147.

Tsiveriotis, Kostas & Fernandes, Chris, Valuing Convertible Bonds with Credit Risk, The Journal of Fixed Income; Sep 1998; 8, 2, 95-102.

강장구·강종호·이순희, 내재변동성과 역사적 변동성 차이가 국내 ELW 수익률에 미치는 영향 분석, 한국증권학회2015한국증권학회지 44권 4호 615-636.

강진홍(2021), 공정가치평가, 조세통람.

금융위원회, 「전환사채 콜옵션 회계처리」에 대한 감독지침.

류혁선(2002), 개인투자가를 위한 옵션@ 살때와 팔때, 한국경제신문사, 2002

이승철(2011), 금융수학 입문, 경문사.

조희연(2015), 기하평균 재조정 옵션에 대한 이항 가격 결정 모형, 경영연구, 30(4), 179-198.

한국회계기준원, K-IFRS

Software

Anaconda: Python Integrated Development Environment (IDE). USA.

Numpy: A fundamental package for scientific computing with Python. Numpy, 2023, https://www.numpy.org

Pandas: Powerful data analysis and manipulation library for Python. Pandas, 2023, https://pandas.pydata.org

SciPy: Open-source scientific tools for Python. SciPy, 2023, https://www.scipy.org

찾아보기

저자소개

김기필

고려대 사회학과/금융공학 연계전공 학사
KAIST 금융공학 석사과정
한국공인회계사
(전)한영회계법인 금융감사
(전)안진회계법인 Valuation team
(현)회계 AI 스타트업
(현)커리어짐 Valuation 대표강사
국내외 주요 기업 및 산업에 대한 다수의 기업가치평가업무
증권의 발행과 및 공시 등에 관한 규정에 따른 합병비율 산정 업무
K-IFRS에 따른 다수의 재무보고목적 가치평가업무
복합금융상품 및 주주간계약 등 다수의 파생평가업무

김효근

연세대 경제학과 학사
KAIST 금융공학 석사과정
한국공인회계사
(전)한영회계법인
(전)삼정회계법인
(전)서린회계법인
(현)이촌회계법인
(현)커리어짐 Valuation 대표강사
국내외 주요 기업 및 산업에 대한 다수의 기업가치평가업무
K-IFRS에 따른 다수의 재무보고목적 가치평가업무
복합금융상품 및 주주간계약 등 다수의 파생평가업무

이승훈

연세대학교 응용통계학과 학사
KAIST 금융공학 석사
한국공인회계사
(전)한울회계법인
(전)미래에셋자산운용 해외부동산
(전)안진회계법인
(현)기업가치 평가 관련 스타트업
국내외 주요 기업 및 산업에 대한 다수의 기업가치평가업무
증권의 발행과 및 공시 등에 관한 규정에 따른 합병비율 산정 업무
K-IFRS에 따른 다수의 재무보고목적 가치평가업무
복합금융상품 및 주주간계약 등 다수의 파생평가업무

오지환

숭실대 컴퓨터과학/회계학 졸업
한국공인회계사
(전)삼일회계법인 Valuation, FDD, D&A CoE
(전)기업가치 평가관련 스타트업
(현)나이스세무회계 대표 회계사
국내외 주요 기업 및 산업에 대한 다수의 기업가치평가업무
증권의 발행과 및 공시 등에 관한 규정에 따른 합병비율 산정 업무
K-IFRS에 따른 다수의 재무보고목적 가치평가업무
복합금융상품 및 주주간계약 등 다수의 파생평가업무

임재구

한성과학고등학교 졸업
서울대학교 지구환경과학부/전기정보공학부 학사
KAIST 금융공학 석사과정
(전)삼성전자 DRAM설계팀 근무

공정가치평가_옵션 및 복합상품

실무와 예제를 중심으로

초판발행 2023년 9월 15일
수정2쇄발행 2025년 1월 10일

지은이 김기필 · 김효근 · 이승훈 · 오지환 · 임재구

펴낸이 김중용
편 집 심성보
펴낸곳 도서출판 **정독**
경기도 고양시 일산서구 하이파크로 113, 102-204
등록 제406-2014-000093호

전 화 031)924-7203 팩 스 02)718-8554
홈페이지 www.jeongdok.co.kr 이메일 admin@jeongdok.co.kr
ISBN 979-11-6858-171-5 93320

정 가 30,000원